明治日本と万国博覧会

伊藤真実子著

吉川弘文館

目次

図・写真・表目次

凡例

一、史料引用にあたっては、適宜、句読点を付し、旧仮名遣いは、基本的に現代仮名遣いに改めた。ただし、一部史料については、これに従っていない箇所がある。

二、元号、西暦表示については、本書の内容は万国博覧会を扱うものであることから開催国の年号表示にしたがい、西暦を基本とした。ただし明治政府の予算年度の場合など、和暦がそのまま名詞として使用されているもの（例えば明治三十三年度予算）や、当時の書籍の題名はそのまま記載し、公文書、書翰の日付などについては、西暦と和暦を適宜併記した。

三、国名表記について

1　清国、支那、韓国、満州などの表記は、引用文中であれば、史料の原文通り記載する。

2　「駐日清国大使」などの固有名詞の場合は、清国を使用する。

3　当時の国家ではなく、古くからの文化、美術などを指しての場合は、清国ではなく、中国（例　中国文化）と表記する。

序章　方法としての万国博覧会

―近代日本の自己認識の解明をめざして―

一八五一年、ロンドンで史上初めてとなる万国博覧会[(1)]が開催された。これ以降パリ、ウィーン、フィラデルフィア、シカゴなど各地で万博が開催されていく。当初は、ロンドン、パリの交互の開催であったが、十九世紀末から二十世紀初めにかけてはアメリカ合衆国の都市とパリで万博が開催された。（表1）

そもそも万国博覧会は、十八世紀末にフランスで行われた国家が推進する国内産業品の展示会を起源とする。当初は国内市場の活性化を目的とした製品の展示会であったが、万国博覧会となることで国家間の製品競争となり、やがては様々なスペクタクルによって商品を幻想化していく資本主義の文化装置へとなった[(2)]。

表1　19世紀後半から20世紀初めに開催された主要な万国博覧会

開催年	開催地
1851	ロンドン
1855	パリ
1862	ロンドン
1867	パリ
1873	ウィーン
1876	フィラデルフィア
1878	パリ
1889	パリ
1893	シカゴ
1900	パリ
1904	セントルイス
1915	サンフランシスコ
1933	シカゴ
1937	パリ
1939	ニューヨーク

万国博覧会は、これまでの研究から大きく三つの側面に分けることができる。第一に国家間の技術競争、第二に消費と娯楽、第三に帝国の支配を正当化する文化装置、ディスプレイである。この三つの要素はそれぞれにからみあいながら万国博覧会を形成していた。

第一の技術競争に関しては、そもそも万博が国家間の製品技術競争として始まり、会期終了時に出品物へ褒章を与えることで国家ごとの技術力を示す指標となったことに見て取れる。第二の消費と娯楽については、製品の展示が商品を展示する百貨店という形態へとつながったこと、企業が博覧会を主催するようなったり、会場で様々な消費生活モデルが示されるようになったことや、観覧車、動く歩道など近代技術それ自体が娯楽施設として設置されたことなどである。第三の帝国主義、植民地主義との関係については、博覧会会場に植民地パヴィリオンが建設されたり、そこに現地の人を連れてきて見世物として展示した。これらはエキゾチシズムを刺激する娯楽として万博で最も人気の高い施設であり、観客は会場内を周遊することで世界各地の周遊を疑似体験できた。このような娯楽施設は、植民地化された国が未開であり、「われわれ」によって啓蒙される必要のある地域であるという支配の正当性を示す装置でもあったが、まさに「社会の弁護という性格を持つ娯楽の本質」(3)の具現化であった。無論、そこで示された「世界」とは主催国の「世界観」であり、その世界観とは、単にどの位置に諸外国を位置づけるかといったことだけでなく、部門、分類の仕方など博覧会の構成自体もその表現であった。

万国博覧会に日本が登場したのは、一八六二年ロンドン万国博覧会のことである。この時、会場内では駐日公使として日本に滞在していたオールコックが集めた日本製品が展示された。また、福沢諭吉、福地源一郎などをふくむ竹内下野守保徳を正使とする遣欧使節団の一行が開会式に出席し、ロンドン市民からの注目をあびることとなった。一八六七年パリ万国博覧会では、佐賀藩、薩摩藩と幕府がそれぞれ出品し、徳川昭武が将軍の名代として万国博覧会を訪問した。

明治政府にとって初めての参加となったのが、一八七三年のウィーン万国博覧会である。明治政府にとっての万国博覧会は、技術習得、貿易の拡大、そして日本を宣伝する場であり、また将来の開催能力を常に意識するものであった。技術習得、貿易の拡大については、例えば明治維新後まもなく領事制度、領事報告制度の整備が始められるなど、殖産興業と直輸出政策にむけて政府による組織的な海外経済情報の収集、情報サービスが整備されたが(4)、万国博覧会もまた日本製品への反応を直接入手できる機会であり、それに加えて製品に関して複数国家の技術、状況などの情報を収集できる場、さらには日本がまだ製造していない品、持っていない技術についても同時に習得できる場であった。とりわけ陶磁器、扇子、扇など美術工芸品が輸出品、万国博覧会出品の中心であったが、それは十九世紀後半に欧米を席捲した日本美術、「ジャポニスム」ブームに支えられていた。(5) 殖産興業、富国強兵に代表される明治政府の国策の基本方針は、不平等条約の改正という大目標のもとにたてられたものである。ただし当時の国際社会における明治政府は、不平等条約のもと列強諸国と非対称な関係にあり、明治政府から積極的に日本のメッセージを発信したりするような機会は充分には存在しなかった。

万国博覧会という空間は、開催国・参加国を問わず、国家が自国のイメージを高めようとして表現する場、つまり国家イメージの宣伝媒体である。すなわち万国博覧会において発信される「日本像」とは、当時の日本政府による国際社会認識を基盤としつつ、将来ありたい自己への願望が加えられて構想された日本の理想像であった。

そこで本稿では万国博覧会を日本政府の対外宣伝活動の場と捉え、当時日本政府が自らをどう見せたかったかということだけでなく、当時の国際社会をどのように認識し、またそこに存在する日本をどう位置づけ、それをふまえて展示内容をどのように構想したかを論考する。なぜなら構想は単なる想像ではなく、現状への認識や、それの実現を希求する実践と戦略を切実な背景として生み出されると考えるからである。

万国博覧会は、これまで歴史学のみならず社会学、美術、建築、文学、思想などさまざまな研究分野で、そして開催国参加国を問わずさまざまな国での研究の蓄積がある。

とりわけ現在にまで続く研究に、開催国による帝国主義の祭典、装置としての万博という視点があり、日本でも吉見俊哉をはじめとする研究へ影響を与えている。欧米諸国で博覧会研究が盛んになり始めたのはカルチュラルスタディーズやポストコロニアル研究などの影響を受けた一九八〇年代以降であり、その多くは十九世紀後半から二十世紀前半に開催された万博を帝国主義の祭典（装置）として捉え、万博で示された開催国＝西欧帝国主義国家の世界観、世界像、植民地表象、都市における資本主義的消費文化、大衆娯楽としての側面などからの研究である。ただし、その多くが開催国側の論理という観点からの研究ゆえ、当時万博を頻繁に開催していたアメリカ合衆国、イギリス、フランスの三国において研究が出された。

アメリカ合衆国のロバート・ライデルは、アメリカ合衆国の帝国主義や人種差別主義がいかに万博にあらわされていたかということを検証し、また万国博覧会の主催者（主にスミソニアン協会）、政治家、知識人などが、本来多様であるアメリカ合衆国の「統合」のために万国博覧会をいかに利用したかや、人類学者が「未開の人」を連れてきて展示するなど社会進化論イデオロギーの啓蒙にいかに万博を利用したかなど万博の持つイデオロギー性を明らかにした。(6)フランスのパスカル・オリーは、十九世紀後半から二十世紀前半にパリで開催された六回の万博をフランスの産業、美術、帝国主義などについて論考した。(7)イギリスのポール・グリーンハルは、十九世紀後半から二十世紀前半まで各地で開催された万博を対象に、帝国主義の装置、ナショナリズムの発揚の場、そして当時の万博でおこなわれていた植民地展示、とりわけ「人間展示」についてなどの各側面を論考した。(8)

万博における植民地展示をテーマにし、当時の欧米諸国における植民地主義と万博という側面からの研究は、エドワード・W・サイードの『オリエンタリズム』(9)からの影響がある。サイードの「オリエンタリズム」とは、西洋によって構築された東洋（主に中近東）に関する言説が、学問的な規律／訓練として制度化されることにより西洋による東洋の植民地支配を正当化し、再生産していく権力装置としての機能をさすが、万博がそのような知の再生産の一翼を担ったという視座は、現在の万博研究においても中心の一つである。

植民地博覧会については、パトリシア・モルトン『パリ植民地博覧会―オリエンタリズムの欲望と表象―』[10]があるが、植民地表象の対象とされた側からの研究にティモシー・ミッチェルのエジプトを事例とした研究がある。[11]ミッチェルは、一八八九年にストックホルムで開催された第八回国際オリエンタリスト会議への参加途中で同年に開催されていたパリ万博を訪れたエジプトからの使節団の人々が、博覧会を訪れている観光客から「展示物」のように見られていたと感じ、またオリエンタリスト会議でも、白人同様の学者という立場で出席しているにもかかわらず、万博同様に「展示物」としての視線を感じたという経験など、当時ヨーロッパを訪れた中東からの人々が受けた白人からの「他者」を眺めるという視線のありようや、万博を訪れた中東からの使節団の人々も万博で描かれている「西洋からみた世界像」から世界を捉えていったことなどを当時の記録や旅行記などから考察した。この中東からの訪問者へのまなざしは、一八六七年のパリ万博における徳川昭武遣欧使節団の様相と共通する指摘である。

諸外国での万国博覧会における日本を対象とした研究には、万国博覧会の展示による国家間の相互イメージ形成への影響という点に着目したものに、ニール・ハリスの研究がある。[12]ハリスは、具体的には一八七六年から一九〇四年においてアメリカで開催された万国博覧会（一八七六年のフィラデルフィア万博、一八九三年のシカゴ万博、一九〇四年のセントルイス万博）における日本の展示物の中で、関心を集めたものと、その関心の推移に着目し、アメリカの観客は、伝統的工芸と近代産業という二つの潮流を日本の展示の中に見てとり、それが関心を集めていたのは、そこにアメリカの十九世紀を感じ取っていたことを指摘した。つまり近代化が達成されたという視点から近代化が途中である日本を見ており、そこには自身の過去を見る意識があったというのである。ロックヤーは、『万国博覧会における日本　一八六七―一九七〇』[13]で、一八六七年パリ万博から一九七〇年大阪万博までの日本の歴史を万国博覧会から眺めることで、日本が一九四五年まで特殊な道をたどったのではなく、この時代にさまざまな国に共通していた近代化、近代性（モダニティ）の抱える問題について日本を例として論考し、万国博覧会のもつ多様性と、十九、二十世紀のさまざまな歴史的状況において万国博覧会に求められた役割を考察した。

日本におけるこれまでの万国博覧会に関する研究には、吉田光邦に代表される日本の産業技術史としての博覧会研究という流れと、(14)吉見俊哉らに代表される博覧会の研究(15)という流れがある。

吉田の研究は、万博参加により欧米の技術を習得し、内国勧業博覧会の開催によりそれを地方に伝播するという明治政府の殖産興業政策の一環として博覧会を捉えた。このような観点からの研究はその後も続いており、清川雪彦「殖産興業政策としての博覧会・共進会の意義」(16)や、近年では國雄行『博覧会の時代』(17)がある。また万博を明治初期の産業技術の導入として捉えるという観点は、その原点として明治政府が公式に初めて参加した一八七三年ウィーン万博への研究や、万博を契機とした国内での技術伝播の様相の研究などを生み出した。

一方吉見は、ライデルらの研究から影響を受けた政府など主催者側からみた帝国主義の祭典としての万博という観点、また資本主義消費文化、大衆娯楽という観点から博覧会を論考し、博覧会を「イベント・メディア」すなわち祝祭空間と情報媒体という観点から捉えることで、博覧会が近代大衆の感覚や欲望をいかに動員、再編したかを考察した。また、最近は、日本の高度成長期と万国博覧会という観点から一九七〇年の大阪万国博覧会に関する研究がなされているが、(18)これは二〇〇五年に日本で万国博覧会が開催されたためである。ただし日本におけるこれまでの万国博覧会研究は、その大部分が日本政府の参加経緯や出品物の内容に重点がおかれ、明治維新以降連続して政府による公式参加を続けていたにもかかわらず、個別の万博としての研究にとどまっている。

本書では、万国博覧会を、明治政府にとっての国家の自己表現の場として捉える。というのも、明治政府にとって万国博覧会は、積極的に外交を行える場であったからである。従来までの博覧会研究では、産業技術の習得、伝播と

表２　本書で扱った明治政府が参加した博覧会一覧

開催年	開催都市	開催期間	予算（円）	出品人数（人）	出品点数（点）
1873	ウィーン	5.1 －11.2	—	—	—
1876	フィラデルフィア	5.1 －11.10	360,000	40	1,966
1878	パリ	5.2 －11.10	180,112	262	45,316
1889	パリ	6.6 －11.6	130,000	462	4,242
1893	シカゴ	5.1 －10.30	630,000	2,555	16,500
1900	パリ	5.7 －	1,319,559	1,384	26,460
1904	セントルイス	4.30－12.1	800,000	2,447	127,325
1910	ロンドン（日英博）	5.14－10.29	1,800,000	1,126	54,700
1903	第五回内国博覧会	3.1 － 7.31	1,093,973	130,416	276,719

（各万国博覧会、内国勧業博覧会事務報告より作成）
なお，ウィーン万博の予算，出品人数，点数は事務報告に確かな数字がないので省略した.

いう側面や、大衆文化、娯楽、消費等文化的な側面からの研究が大部分であったが、本研究では、万国博覧会を日本政府が他者（他国）の存在を意識することで、自己認識および自己表現を模索する場となったことに注目する。万国博覧会で描かれる日本像は将来ありたい自己を含んだ理想像であったが、理想像であったからこそ、当時の日本政府が抱いていた長期的な国家目標や国家の方向性を捉えることが可能となる。そこで当時の日本がおかれた歴史的状況に留意しながら、そこで政府がどのような日本として説明をしようとしたかに注目して、明治時代に政府が参加した各万国博覧会を考察する。

本書では、明治期の政府が参加した万博を中心に出品方針、出品展示物、日本紹介本、日本館での宴会などに特に注目する。出品展示物や日本紹介本は、万博参加の回を重ねるごとに、現地での反応を加味して変更、改訂された。その際、どのような国家として受け止められたいか、すなわち受け止められたい「日本像」がフィルターとなって作用し、さらなる「正しい」読み方を発信すべく改訂されていった。また万国博覧会での日本館については、その建築様式について、当時の日本館設計者たちが「日本建築」、「伝統」をどのように捉え、表現しようとしたかという点から研究[19]があるが、本書では、日本館を「日本政府の公式パヴィリオン」という観点から捉え、そこで諸外国の万博関係者を招待して開催された宴会がどのようなものであったかを考察する。

まず、明治初期における万博参加として、一八七三年ウィーン万博から一八九三年シカゴ万博までを第一章で扱い、一九〇〇年パリ万博と一九〇四年セントルイス万博を第二章第四章で扱かう。一八九三年シカゴ万博と一九〇〇年パリ万博で区切るのは、両者の間には、前後して憲法発布、国会開設、不平等条約の一部改正や日清戦争での勝利というある程度の明治初期の国家目標の達成（感）がある。つまり一八九三年シカゴ万博までは国家としての基盤形成期であり、万博へも継続して参加していたものの、シカゴ万博まで参加規模が縮小傾向にあり、展示、出品方針もウィーン万博のそれのほぼ踏襲という消極的な参加であった。しかし政府は日清戦争以降に参加した一九〇〇年パリ万博以降、それまでに比べて日本の国家像を積極的に提示していく。その背景には、国家基盤の完成による国家像の明確化だけでなく、三国干渉の経験から外交の重要性が浮上したことがあった。とりわけ一九〇四年セントルイス万博では、政府は日露戦時外交の場として万博を活用し、日英博覧会では排日気運の沈静化のために真の日本像を示すことを目的とした。

明治政府にとって初めてとなる一八七三年ウィーン万博への参加経験は、国内での博覧会開催要求へとつながり、内国勧業博覧会が開催されることとなった。内国勧業博覧会、それ自体は殖産興業政策の延長線上に位置し、産業技術の伝播の場という役割を有していたが、当初から万国博覧会の開催が幾度か提議され、日露戦争後にはその欲求が現実問題として浮上することにより、国内外への自己表現の一形態へとその目的を変容させた。そこで本論文では当時の明治政府がおかれた歴史的な状況への考察を根底としつつ、参加した各万国博覧会と、万国博覧会開催が念頭に置かれた第五回内国勧業博覧会を第三章で、万国博覧会と内国勧業博覧会の折衷型として構想された日本大博覧会および二国間で開催された唯一の博覧会となった日英博覧会を第五章で扱う。

つまり本書は国家建設にあたる明治政府が描く自己認識、および自己想定作業を、参加した万国博覧会と主催しようとした万国博覧会計画および、その前提となった内国勧業博覧会から探るものである。具体的には、万国博覧会での出品方針、日本の案内書、日本館の様子から、当時の明治政府ないし事務局、関係者が作り出そうとした日本イメージの内容とその変容を論考する。同時に万国博覧会の開催へむけて、どのような構想がなされ、実践がなされたかということを探る。

受け手の反応は無視できない問題であり、本書でも開催地での日本展示への反応、批評、新聞報道などを対象とする。本書では、万国博覧会で日本がどのような国として説明され、提示されたのかということに着目するが、日本政府、ないし博覧会事務局などが計画した通りに観客が受け取るとは限らない。受け手がどのような反応を示したかということは無視できない要素ではあるが、実際に展示を見た人の個別の感想を調査しようとしてもそれはほぼ不可能であり、また残されている資料で一概に言えることではない。ただし日本政府、事務局にとって受け手である博覧会への観光客や、開催国政府、事務局の反応は、日本や日本製品がどのように見られているかを調査する機会であり、その反応は次の博覧会での日本展示や出品物製作へと活かされた。すなわち観客からの反応はフィードバック作用をもっていたわけだが、そのような面からどのような受け手の反応があり、またそれが次の万国博覧会での出品などに影響を与えたかどうかを論考する。

註

（1） 本書では、単一種目の国際博覧会（国際漁業博覧会や国際園芸博覧会など単一種目に関する国際博覧会）は万国博覧会ではないので扱わない。

（2） 吉見俊哉『博覧会の政治学―まなざしの近代―』（中央公論社、一九九二年）二八―三四頁

（3）マックス・ホルクハイマー／テオドール・アドルノ「文化産業―大衆欺瞞とその啓蒙」『啓蒙の弁証法』（徳永恂訳、岩波書店、一九九〇年）二一二頁

（4）古屋哲夫「形成期における領事制度と領事報告」（角山栄編著『日本領事報告の研究』、同文館、一九八六年）

（5）佐藤道信『明治国家と近代美術：美の政治学』（吉川弘文館、一九九九年）七六―一二三頁

（6）Robert W Rydell, *All the World's Fair*, Chicago and London:University of Chicago Press,1984, Robert W Rydell, *World of Fairs: the century-of-progress expositions*, London:University of Chicago Press,1993, Robert W Rydell,John E.Finding,Kimbery DPelle, *Fair America: World's Fairs in the United States*, Washington, DC; London:*Smithsonian* Institution Press,2000

（7）Pascal Ory, *Les expositions universelles de Paris*, Paris:Editions Ramsay,1982

（8）Paul Greenhalgh, *Ephemeral vistas:the expositions universelles, great exhibitions and world's fair,1851-1939*. Manchester : Manchester University Press.New York : Distributed exclusively in the U.S. and Canada by St. Martin's Press 1988

（9）エドワード・W・サイード『オリエンタリズム』（今沢紀子訳、平凡社、一九八六年）

（10）パトリシア・モルトン『パリ植民地博覧会―オリエンタリズムの欲望と表象―』（長谷川章訳、ブリュッケ、二〇〇二年）原著は Patricia A.Morton, *Hybrid modernities:architecture and representation at the 1931 Colonial Exposition,Paris*,The MIT Press, 2000

（11）Timothy Mitchell, *Colonising Egypt*, Berkley, CA.,University of California Press,1988. Timothy Mitchell,"Orientalism and the Exhibitionary Order"in Nicholas B Dirks, ed., *Colonalism and Culture*, (Michigan, University of Michigan Press, 1992)

（12）Neil Harris, "All the World a Mellting Pot? Japan at American Fairs,1876-1904" in Akira Iriye, ed., *Mutual Images:Esseys in American Japanese Relations* (Cambridge, Mass.: Harvard University Press,1975) pp24-54

（13）Angus Lockyer, *Japan at the exhibition,1867-1970* (Ph.D. thesis, Stanford University2000)

（14）吉田光邦『改訂版　万国博覧会―技術文明史的に』（日本放送出版協会、一九八五年）、吉田光邦編『万国博覧会の研究』（思文閣、一九八六年）。山本光雄『日本博覧会史』（理想社、一九七〇年）では、日本が参加した万国博覧会と内国勧業博覧会の沿革がまとめられている。

（15）前掲吉見俊哉『博覧会の政治学』

(16) 清川雪彦「殖産興業政策としての博覧会・共進会の意義—その普及促進機能の評価—」(『経済研究』三九—四、一九八八年)
(17) 國雄行『博覧会の時代—明治政府の博覧会政策—』(岩田書院、二〇〇五年)
(18) 椹木野衣『戦争と万博』(美術出版社、二〇〇五年)、吉見俊哉『万博幻想—戦後政治の呪縛—』(筑摩書房、二〇〇五年)
(19) 藤岡洋保、深谷康生「戦前に海外で開かれた国際博覧会の日本館の和風意匠について」(『日本建築学会計画系論文報告集』四一九、一九九一年)そのほか、万国博覧会における日本館については、吉田光邦編『万国博の日本館』(INAXギャラリー、一九九〇年)がある。

第一章　明治前期の万博参加と日本史構想

はじめに

一八五一年、ロンドンで第一回目となる万国博覧会が開催された。万国博覧会のもととなる博覧会の起源は、一七九七年にフランスで行われた工業製品展示会に求められる。一七八九年のフランス革命以前には王立工場であったゴブラン（タペストリー）、セーブル（陶器）などの工場監督官に任命されたダベーズ侯が、工場の製品を中心とした各種工業製品の展示、販売を通して自国の産業にまだ活力が残っていることを国民に掲示するという目的のもと工業製品展示会を開催した。この成功から当時の内務大臣フランソワ・ド・ヌシャトーが国家規模の産業博覧会を構想し、一七九八年に第一回産業博覧会をパリのシャン・ド・マルスで開催した。産業博覧会の成功をうけて同様の博覧会がパリで定期的に開催されることとなり、またパリでの産業博覧会の成功はフランス各地、さらにはヨーロッパ各地での博覧会開催へとつながった。やがて産業博覧会を国際化するという構想が十九世紀半ば頃には出されるようになるが、そのつどフランス国内産業の保護を主張する層から反対にあい、断念された。産業博覧会はフランス国内産業の育成を目的としていたからである。

この当時ヨーロッパ諸国においてイギリスの工業力は他の諸国とは一線を画すほどであり、博覧会の国際化はそのイギリスの参加を意味した。したがってイギリスに対抗できるほどの工業力を持っていないという判断から、フランスでの万国博覧会開催には至らなかったのである。またそれゆえに第一回の万国博覧会開催地が、自国の工業力の高さを自認するイギリスとなったとも言える。

イギリスでも一八五一年の第一回ロンドン万博開催以前から、国家的な博覧会ではないものの、製品の展示会の類は開催されていた。ロンドンの公文書館の館長補佐をしていたヘンリー・コールが一八四九年にパリで開催された産業博覧会を調査したのち、イギリスがフランスの産業博覧会を超えるには万国博覧会とするしかないと当時芸術協会会長であったアルバート公（ヴィクトリア女王の夫）に進言し、一八五〇年にアルバート公を総裁とする委員会が組織され、翌五一年に第一回万国博の開催にいたった。

日本製品が初めて万国博覧会に登場したのは、一八五三年ダブリン博覧会である。ただしすでに当地にあったものが日本出品物として展示されただけのようで、日本人と日本製品が本格的に万国博覧会に登場したのは、一八六二年ロンドン万国博覧会からであるある。

この当時江戸幕府は、オランダ、ロシア、イギリス、フランスと締結した修好条約により兵庫、新潟の開港、江戸、大阪の開市を迫られていた。（ロシアとは樺太国境画定交渉も含む。）そこで開港開市の期日を延期する交渉を行うため、ヨーロッパに使節団（文久使節団）[1]を派遣した。正使は竹内下野守保徳（外国奉行兼勘定奉行）、随行には福沢諭吉　福地源一郎、松木弘安（寺島宗則）らがいた。彼らは一八六二年（文久二）一月に江戸を出発、四月三日にマルセイユ到着ののち、五月一日にイギリスに到着、翌二日のロンドン万博開会式に出席することとなった。着物姿の彼らの出で立ちは、きらびやかな服装につつまれた外交使節団の中にあっては簡素に写ったようであるが、いずれにせよその存在は注目を集めることとなり、その後イギリス各地を訪問したさいも、彼らの様子が各地の新聞で報道された。

一八六二年ロンドン万博では、イギリスの駐日公使として一八五九年から日本に滞在していたオールコックが収集していた陶器、漆器、七宝、金細工、象嵌細工などが日本の出品物として展示された。(2)ただし日本展示区域は中国の展示との境界なしに隣接しており、両国の区別が観客および主催者にあったのかどうかは定かでない。展示品については、文久使節団の一員として五月三日に博覧会を訪問した淵辺徳蔵が「全く骨董品の如く雑具を集め氏なれば見るにたへず」(3)と批評したが、現地ではエキゾチシズムを刺激したようでおおむね好評であった。その背景には開会式を訪れ、その後イギリス各地を訪問していた使節団の存在が日本への関心を呼びおこしていたことがある。その意味において、使節団の存在自体が当時まだ欧米では無名であった日本を知らしめす役割を果たしていた。

ただしこのロンドン万博での日本出品物は、あくまでオールコックの日本コレクションの展示であった。日本が正式に参加し出品物を展示したのは、一八六七年パリ万博が初めてである。このとき幕府は出品だけでなく、将軍徳川慶喜の弟、徳川昭武を正使とした遣欧使節団を派遣した。(4)使節団の中には渋沢篤太夫（のちの栄一）や、箕作貞一郎（のちの麟祥）などがいた。幕府は、フランス公使ロッシュの助言を得ながら陶器、漆器、金細工、浮世絵、和紙、鉱物などの特産品の収集に約四万七二〇〇両をかけ、二年ほどを準備に費やした。また幕府以外にも佐賀藩、薩摩藩が独自に出品し、使節を派遣した。このとき佐賀藩の事務官長としてパリに派遣されたのが、のちに明治政府において博覧会行政の中心を担うこととなる佐野常民である。また薩摩藩が、薩摩兼琉球藩王として幕府とは別の独立国のようにしてふるまったため、幕府との間で諍いがあった。

明治維新ののち、新政府として初めて参加したのが一八七三年（明治六）ウィーン万博である。それ以降、政府は各地で開催される万博へ継続して参加していく。ウィーン万博では、出品方針の中に諸外国における日本への認識の向上が掲げられた。

万国博覧会は、出品する国の有り様を出品物とその展示により開催国や他の参加国ならびに観客に示すという機能を持つ。とりわけ不平等条約下にあり、欧米諸国との外交関係において主導権を握れないでいた当時の日本政府にとって、欧米で開催される万国博覧会は、主体的に日本のありようを示すことのできる外交の場であった。

実際にウィーン万博では、日本の特産物、生産物の展示と並び、人目を惹くための金のシャチホコなどが展示されたほか、日本を説明する「日本紹介本」が作成された。この本は、博覧会事務局が作成にあたり、出品目録や、参同経緯、日本の歴史や地理、現在の政治体制や国力（人口、面積、貿易額など）を紹介する内容である。ウィーン万博以降、一八九三年シカゴ万博までこのような日本紹介本は作成されていく。とりわけ日本の歴史は、ウィーン万博では日本を紹介する一項目にすぎなかったが、シカゴ万博では『にほんれきし』として日本史だけで一冊の本として刊行されるまでに至る。(5)

そしてこの時期は、一八六九年の修史の詔から、一八九三年に『大日本編年史』編纂中止にいたる明治政府による官選の修史編纂事業と時期を同じくする。

近年、近代日本の史学史として、また重野安繹らの修史編纂事業についての研究がみられるが、(6)万博の日本紹介本として発刊された日本史については、一八七八年パリ万博のそれがのちに翻訳され帝国大学国史科学生向けの教科書『稿本国史眼』として発刊されたことに触れられているだけである。(7)そのさいにも、『稿本国史眼』は一八七八年パリ万博での日本史を訳したものであるというようなエピソード的扱いであるように、修史編纂事業と万博における日本紹介本の日本史との関係について本格的な研究はなされていない。しかしながら、一八九三年シカゴ万博にむけて編纂、出版された日本の通史『にほんれきし』は、修史編纂事業を担っていた修史局、そしてその中心人物であった重野らが編纂したものである。修史編纂事業は、明治維新直後の修史の詔に始まるように、新政府の立場を官選の正史編纂により主張するものであったが、おりしも万国博覧会という諸外国に日本を説明する場で歴史により日本を説明する必要性が生じたのである。

そこで本書では、主に明治前期に政府が正式に参加した一八七三年ウィーン万博、一八七六年フィラデルフィア万博、一八七八年パリ万博、一八八九年パリ万博、一八九三年シカゴ万博を対象とし(8)、それらの万博における参加経緯と、出品方針や展示物、万博にむけて作成された日本紹介本、とりわけ日本史の記述を中心に、万博という場で日本どのような国として紹介しようとしたのかを考察する。日本紹介本における日本史ついては、編纂に関わっていた政府の修史編纂事業との関係や、その中心を担った重野安繹の修史編纂事業についての考え方などを考慮しつつ、近代や未来を展示、標榜する空間である万博で、なぜ日本の紹介に歴史が利用されたのかを論考する。

一　ウィーン万博・フィラデルフィア万博への参加と修史編纂事業の開始

1　ウィーン万国博覧会

明治政府が初めて公式参加した一八七三年（明治六）ウィーン万博は、一八七三年五月一日から十一月二日まで、オーストリア皇帝フランツ・ヨーゼフ一世の治世二五周年を記念して開催された。出品部門は二六部門、参加国数は二三カ国である。ウィーン万博については、明治政府にとって初めての万博参加ということや、欧米歴訪中の岩倉遣欧使節団が会期中の六月一日にオーストリアに到着、五日に岩倉具視、伊藤博文らが万博会場を訪ずれたこと(9)などからすでに数多くの研究がなされている(10)。

ウィーン万博への参加は、一八七一年三月二十日に駐日オーストリア公使ヘンリー・ガリッチが沢宣嘉外務卿に参同の勧誘をしたことに始まる。この時外務省では、「政府は百事未た整頓せす、商民は遼遠の貴国迄物品可差出気運に至らす」と判断、参加を断る方針であった。しかし十二月三日、ガリッチは副島種臣外務卿、寺島宗則外務大補に対し再度勧誘をおこなう。政府は参加へと方針を変え、万博参加を天皇に上申することをガリッチに約束した。

一八七二年二月二十六日、政府はウィーン万国博覧会への参加を布告、太政官正院に博覧会事務局が設置され、博覧会総裁に大隈重信、副総裁に佐野常民が任命された。六月三日佐野は以下のような博覧会目的を正院に上申した。

第一目的　御国天産人造物を採取選択し、其図説を可要ものは之を述作し、諸列品可成丈精良を尽し、国土之豊穣と人工之巧妙を以て御国の誉栄を海外に揚候様深く注意可致事。

第二目的　各国之列品と其著説とを詳密点見し、又其品評論説を聞知し、現今西洋各国の風土物産と学芸の精妙とを看取し、機械妙用の工術をも伝習し、勉めて御国学芸進歩、物産蕃殖の道を開候様可致事。

第三目的　此好機会を以て御国に於ても、学芸進歩の為に不可欠の博物館を創建し、又博覧会を催す基礎を可整事。

第四目的　御国産の名品製造方勉めて精良に至り、広く各国の称誉を得、彼日用の要品となりて、後来輸出の数を増加する様厚く注意可致事。

第五目的　各国製造産出の有名品及其原価売価等を深捜査明し、又各国に於て、欠乏求需するの物品を検地し、後来貿易の裨益となる様注意可致事(11)。

佐野がうちだした博覧会参加目的は、国威発揚、西洋の調査、技術伝習、貿易拡大（輸出増進）というものであった。

図１　ウィーン万国博覧会　日本部入り口　左側にシャチホコ（出典：『澳国博覧会参同記要』）

これらの目的に加え欧米ではまだなじみのない「日本」という国自体を宣伝することも方針のひとつとなった。国威発揚と貿易拡大、さらに「日本」の宣伝という参加目的は、後の万博においても参加目的として掲げられていく。

　ウィーン万博への日本出品物は、博覧会事務取扱を命ぜられた佐野常民らを中心に、シーボルト、ワグネルらお雇い外国人の意見を参考にしつつ決定された。その大部分が陶磁器、扇、扇子、生糸などの工芸品で、そのほかに鉱物・動植物、巨大物品として名古屋城のシャチホコ、大仏模型（張りぼてで作られた大仏。展示直前に頭部以外は焼失し、頭部のみを展示）などが出品物として収集された。出品物は各地から集められ、一八七二年十一月十九日に天皇、皇后らが縦覧したのちウィーンへ送られた。

　ワグネルらを中心に考案された出品戦略は、輸出品として受け入れられる可能性のある陶磁器、漆器など工芸品の展示と、日本を印象づけるために人目を引く巨大なもの、珍しいものを展示をするというものであった。事実、会期中はシャチホコなど人目を惹くようなものが日本展示地区入り口に飾られた（図1）。出品選択や展示で人目をひくということが基準となったのは、日本の宣伝、認知のためということのほか、当時は国家としての基盤がまだ出来ておらず、どのような日本を見せたいかという国家としての理想像、将来像や、目標を含んだ具体的な日本像が未定であったということ、万国博覧会はそれ自体産業技術力を各国で競うものであるが、この当時の日本には欧米諸国と競うだけの技術力がないという判断からである。

会場内の日本展示地区には入り口には鳥居が、内部には神社、売店、日本庭園が造られたが、これらはウィーン万博事務局が各国にそれぞれの国の住宅などの出品を求めていたことを受けた「出品物」であった(12)。これら日本の建物も人目をひいたが、それらの建設途中の大工の姿が新聞で報道されたり、その様子を見物する人も多かった。おおむね日本の出品物は好評をもって受けとめられ(13)、優良出品物に対して与えられる褒賞も一九八取得、その大部分は衣服・織物、竹細工、紙製品など工芸品に対してであった(14)。なお万博会期中の一八七三年四月十五日から六月十五日にかけて、博覧会に出品されなかったものなどが、博物館（山下御門内に設置）で展示され、ウィーン万博閉会後には、出品物と交換して得た、もしくは購入した諸外国の展示品が一八七四年三月一日から五〇日間展示された(15)。

展示のために日本から持ち込まれた出品物の多くは、博覧会終了後にその多くが現地で売り払われることとなった。そこで、現地販売を請け負う起立工商会社が設立され、その任にあった若井兼三郎、松尾儀助がそれぞれ社長、副社長となった(16)。起立工商会社は、その後一八九〇年パリ万博まで出品物の販売などを請け負うこととなる。

またウィーン万博への参加を機に渡航した技術者たちの中から選ばれた数名が、博覧会閉会後ヨーロッパ各地での技術習得に努めた(17)。その分野は、養蚕、山林、園芸、造船、製糸、染色、製陶、建築、測量などである。

ウィーン万博から帰国した佐野は、一八八〇年に国際博覧会を開催することを建議した。佐野が最初に国際博覧会の開催を提言したのは、一八七三年一月のことで、一八七七年に条約締盟国を招致して博覧会を開催するというものであった。期間は三月から八月まで、会場を東京（幸橋御門から西虎ノ門まで、山下御門から桜田御門まで）とし、経費五〇万円とするものであった(18)。そしてウィーン万博から帰国後の一八七五年にも、一八七三年の内容の修正案として、一八八〇年の開催、それまでに各地に博物館を設置し、小博覧会を開催する旨を意見した。この佐野の意見が後の一八七七年（明治十）の第一回内国勧業博覧会開催へとつながった。[19]

このウィーン万博にむけて、日本を紹介する本『*Notice sur l'Empire du Japon et sur sa participation à l'Exposition universelle de Vienne*』が作成された。[20] 序論には「この本の目的は、ウィーン万国博覧会に日本が出品した品々の間を訪ずれる外国人を導くためのものです。第一部は、地理や日本の歴史などの情報の要約です。これは博覧会の目的ではありませんが、事務局はこれらが外国人の興味をひくと思っています。」と書かれている。

内容は最初に地理として、日本の位置や構成（樺太から琉球まで）、以前は九の地域（州）にわかれていたが一八七一年以降新しい府県制へとかわり、天皇に任命された知事が首長として統治しているとの解説がある。

つづいて人口、歴代天皇一覧（神武から今上）、日本の歴史へと続く。日本史の内容は、神武天皇から明治維新までについて紀伝体で記述されている。神武天皇が天皇の初代で、その即位の年をもって日本の歴史が始まったというように記述が始まり、その年がイエス・キリスト誕生の六六〇年前であると説明する。その後は日本武尊や神功皇后に関する話や、欽明天皇と仏教伝来、推古天皇と遣隋使についてなど代表的な天皇と事柄が記されている。武家政権については、天皇の名のもとにその時代の様子として紹介されている。明治維新については最後の段落で、一八六七年に将軍が天皇に統治権を返還し、封建制は廃止され、君主制が設立されたというように簡単に記されている。歴代天皇一覧は、南朝の系統で記述されているが、歴史叙述の部分では、北朝の北条高時により光厳天皇が、足利尊氏により光明天皇が即位したというように北朝の天皇の記述はあるが、南北朝そのものについては記述されてはいない。また歴代天皇一覧、歴史叙述ともに皇紀と西暦が併記されているが、暦については一八七二年十一月に、翌年からの太陰暦から太陽暦への移行と、太陽暦の採用とともに神武天皇即位の年をもって紀元とすることが決定している。そのため、この本では皇紀と西暦が併記されたのであろう。

歴代天皇と歴史叙述に続いて、天皇以外の皇族一覧、政府職制（太政官制、省、府県の職制など）、歳出入、陸海軍の編成、対外貿易の様子（開港地、貿易収支表など）で前半が構成されている。これらの部分は西暦のみで記述されている。後半部分では、日本政府がウィーン万博に参加するまでの経緯、出品物案内および目録、渡航人員名簿が掲載された。

この案内書は博覧会終了後に日本語に翻訳され、『日本志略』(21)として出版された。序論に、わずか数日でウィーン万博出品物の概説のために作ったもので、日本地誌、歴史などは博覧会とは関係ないが外国人の参考になるよう供したと記されており、内容そのものは万博のそれと変わらない。

ウィーン万博での日本紹介本およびその翻訳である『日本志略』とも、博覧会事務局編となっているが、万博参加は政府事業であるため、政府の修史編纂担当局として一八七二年に太政官に設置された歴史課がこれらの日本史部分の編集に関与したと思われる。

そもそも明治政府の修史編纂作業は、一八六九年三月二十二日に史料編纂国史校正局が開設されたことに始まる。これは同年二月に太政官が昌平黌・開成所の二校に六国史の編修を引き継いだ正史編纂が指示されたことを受けたもので、三月十八日には国学者木村正辞、小中村清矩、横山由清が御用掛、塙忠韶が見習いに命ぜられた(22)。そして同年四月四日、右大臣三条実美が総裁に任じられ、以下のような詔が発せられた。

修史は万世不朽の大典、祖宗の盛挙なるに、三代実録以後絶て続きなきは、豈大闕点に非すや。今や鎌倉已降武門専権の弊を革除し、政務を振興せり。故に史局を開き祖宗の芳躅を継き、大に文教を天下に施さんと欲し、総裁の職に任す。須く速に君臣名分の誼を正し、華夷内外の弁を明にし、以て天下の綱常を扶植せよ(23)。

これまでの武家政権から天皇治世へとかわったことを受け、親政として六国史の編纂を引き継ぐべく国家主導の修史事業を開始するというのである。ただし十二月には、昌平黌・開成所が合併して成立した大学校内部で、正史編纂をめぐり漢学者系と国学者系の対立が激化、同年十二月二十二日に修史編纂事業は中止された(24)。

しかし一八七一年九月、太政官正院が長松幹に維新の過程を対象とする『復古記』の編纂を命じ、一八七二年十月には太政官に歴史課が設置され、維新前後の歴史編纂事業が開始された。一八七三年にさだめられた歴史課の事務章程には、歴史課の職務として歴代の紀伝を編選すること、そして孝明天皇即位の日から大政奉還にいたる過程と、その後の職制政体沿革を詳らかにすることとある。

その後一八七五年四月十四日、太政官正院の職制改正に伴い、歴史課は修史局と改称された。修史局設置とともに重野安繹が入局し、修史局副長となり（局長は長松幹）、同年十二月には星野恒が入局した。一八七五年（明治八）九月十九日に定められた修史局の編纂方針によると、中心事業は、『復古記』の編纂とある。そして『六国史』以降の史誌を編纂し、第一を後小松天皇から後陽成天皇の間、第二を後水尾天皇から孝明天皇に至る間とし、これらは塙保己一の史料によることとされた。そして第三の『復古記』は、維新以降を扱うとされた(25)。従ってウィーン万博のさいには歴史課が、そしてウィーン万博についで明治政府が参加した一八七六年フィラデルフィア万博参加時には、歴史課と修史局が修史編纂事業に関与していた。

2　フィラデルフィア万国博覧会

フィラデルフィア万博は、一八七六年（明治九）五月十日から十一月十日まで、アメリカのペンシルヴァニア州フィラデルフィアにおいて独立一〇〇年を記念して開催された。参加国は三〇カ国以上にのぼり、博覧会の目的は進歩・発展について啓蒙することであったが(26)、これはアメリカ合衆国がいまや西洋文明の数々の成果をとりこみ、ヨーロッパ諸国がこれまでに開催した博覧会と並ぶものが開催可能であることを示したいという願望からである。[27] 出品部門は、第一生産物（鉱物、農産物、家畜）、第二材料（食物などへ加工される過程など）、第三織物、第四家具・工芸品、第六運輸、第七教育（方法・施設）、第八機械・建築、第九プラスチック・グラフィックアート、第一〇人間を肉体的、知的に啓蒙するもの・道徳の一〇部門であった。博覧会事務局の掲げた博覧会のテーマ「進歩」にあわせて第一部門を生産物とし、そこから第一〇にかけて順に発達、進歩の様子がわかるように分類をたてたのであり、[28] スミソニアン協会がその中心であった。[29] 博覧会会場は、中央に本館展示場が建てられ、アメリカ合衆国との地理的な位置関係、人種に応じて各国の地区が割り当てられた。日本は中国とともに本館の西部分に展示地区を割り当てられた。[30]

アメリカ合衆国からの参同招請は一八七三年七月五日、アメリカ合衆国国務大臣フィッシュより在米日本公使高木三郎へ、翌一八七四年四月に再度アメリカ公使ビンハムから寺島宗則外務卿へ行われ、政府はこれに応じ参加を伝えた。日本政府は参加目的に輸出振興を掲げてはいるものの、実際にはアメリカ合衆国との国交を考慮、重視した結果の参加であった。正式な参加決定は約半年後の十月三十日のことであるが、すでに六月には出品布告がなされた。博覧会事務局長には町田久成、御用掛に田中芳男、山高信雄といったウィーン万博参加経験者が任命された。事務局は当初太政官正院の管轄であったが、一八七五年三月三十一日、内務省勧業局に米国博覧会事務局が移管され、大久保利通内務卿が総裁、西郷従道が副総裁、田中芳男らが事務官に任命された。事務局の移管は河瀬秀治の上申によるもので、参同予算は約三〇万円、出品人は四〇人である。前回のウィーン万博は全て政府出品であったが、この博覧会から民間からも出品された。[31]

この博覧会は第一回内国勧業博覧会の前年に開催されたため、その模範となったことが指摘されている。[32] この博覧会でも政府はウィーン万博同様工芸品を展示の主要にすえ、日本を宣伝して国威を発揚することを参加目的の一つとした。工芸品を展示することは、当時欧米でジャポニスムブームがあり好評をはくすことが予想されていたこともあるが、機械や技術など本来万博で競われるものは未熟であり、出品できないという事情があった(33)。工芸品に関しては当事の万国博覧会や内国勧業博覧会への出品物、および貿易拡大のために、内務省博覧会事務局と内務省製品画図掛の官員が編纂して工芸品の絵図の手本がつくられ(34)、工芸品製作者に『温故図録』として配布された(35)。その図録のデザインをもとに作られたフィラデルフィア万博の出品作品もあり、この時期政府主導で博覧会出品作品や貿易品の意匠の指導が政府によっておこなわれていた(36)。

出品方針では、貿易拡大が目的の一つにもりこまれたが、そのさい「彼の需要に応する様製造」として、出品物を買い手側の需要を考慮したものとするよう促された。

実際に出品されたのは一九六六点で、そのうち第二部門の製造物が一〇六七点を占めた。その多くは、工芸品、とりわけ陶磁器である。ウィーン万博で陶磁器が好評であったことと、この当時アメリカへの主要輸出品の一つが陶磁器であったこともその理由であった。会場内でも日本の工芸品は人気が高く、それらの多くは販売され、万博事務局からも一五五点が褒章を受けた。そのほか製造物部門には漆器類、刺繍、扇、生糸、絹糸が出品された。製造物に次いで美術部門、農業部門の出品物が多かった一方、機械部門への出品は無かった。フィラデルフィア万博では、会場内を蒸気機関車が走行するなど、蒸気による大型機械が会場の目玉であったが、当時の日本の国力、技術力では機械部門への出品は不可能という判断からであった。また会場内には、金沢の河村幸による日本家屋と、日本政府による売店が建てられた。これらはそれぞれ第三部教育部の第三四〇小区（許多の遊戯）と第三四三小区（貿易場及商売の体裁）の出品物という扱いであったが(37)、ウィーン万博での日本製品の販売での経験を生かし、売店としての日本家屋の設置は早い段階から画策された(38)。

現地での日本展示への評判は、とりわけ陶磁器などの工芸品への展示物への関心が高かった。これら日本展示品への評価は「美しさ」にあったが、これは当時流布している非白人に対するステレオタイプとは矛盾するものであった。[39]日本政府館建設のために日本から派遣された大工たちは見物人の人気を博したが、これも日本人そのものと、日本の建築技術、技法へのめずらしさからの人気であった。先述した出品方針に「彼の需要に応する様製造」とある一方、ヨーロッパやアメリカの好みに迎合した結果、品質の低下を招く、すなわち日本らしさを失うのではという懸念もあった。[40]

この万博の日本紹介本、『The empire of Japan: brief sketch of the geography, history and constitution』[41]の表紙には英題とともに『日本史略』と書かれている。序文では、「日本では重要な変革が起こり、かつ現在もなおそれは続いているが、それらを外国語で出版してはという議論が起こっていた。そこでこの度、国家の歴史を学ぶ人々に喜んで受け入れられるような以下の内容を出版することを決定した。」と述べられている。

構成は、前半部では天皇と皇族の一覧、歴代天皇一覧、政府職制（太政官制、各省、大審院、開拓使、警視庁、府県の職制など）、地理（経度、緯度による場所の説明、東西南北の島の説明、代表的山河）、人口統計、行政地区編成と師団編成、東京、京都、大阪の説明、開港地、北海道、琉球などが説明されている。後半部が歴史沿革にあてられているが、その始まりをニニギノミコトの天孫降臨から始め、神武天皇即位を日本の歴史の始まり（紀元前六六〇年）と紹介し、以降歴代天皇を中心に編年体で編纂されている。内容は、ウィーン万博のそれよりややや詳細になっており、神功皇后、応神天皇の時代と中国、朝鮮半島との関係（三韓征討や論語がもたらされたことなど）や、欽明、敏達天皇と仏教、推古天皇と遣隋使というように、代表的な天皇とその事柄が述べられている。武家政治についても、ウィーン万博時と同様、その当時の天皇の名の後に、その時代の紹介として説明されている。

南北朝については、ウィーン万博の日本紹介本の歴代天皇一覧では、南朝をとり北朝の天皇（光厳、光明、崇光、後光厳、後円融）は記載されず、歴史叙述では南朝、北朝については触れられていないものの光厳、光明天皇の即位が記述されていた。太政官歴史課が、神武天皇を第一代とし、南朝をもって正統とするとの答申を一八七三年四月に出したため、[42]ウィーン万博の日本史部分の編纂時はまだ、南北朝に関する明確な指針が出ていなかったことによると思われる。南朝を正統とする答申が出された後のフィラデルフィア万博の日本紹介本では、歴代天皇一覧の第九十八代後亀山天皇と第九十九代後小松天皇との間に、光厳、光明、崇光、後光厳、後円融の名前が記され、歴史叙述の箇所では、後醍醐天皇から後小松天皇の間に二つの朝廷として南朝、北朝があったことなどが書かれている。つまり、南朝を正統とする答申が出されたことで、北朝の存在が記されるようになった。

王政復古、明治維新以降については、「天皇の手に統治が戻った。（中略）封建制は廃止され、君主制による政府が設立された。暦も太陰暦から太陽暦へと移行し、欧米諸国から様々な技術が導入されている。[43]」というように簡単にひと段落にまとめられて歴史叙述は終了し、その後、現在の歳出入、貿易収支、陸海軍編成が掲載されている。この紹介本も、ウィーン万博同様歴史叙述のみが皇紀と西暦の併用で、あとの部分は西暦で綴られている。この本も日本語に翻訳され『日本帝国誌略』[44]として出版された。その構成は、内容の順番が多少異なる程度でほぼ同一である。

ウィーン、フィラデルフィアの両万博の日本紹介本は、博覧会事務局編纂とあるだけで、日本史部分に歴史課および修史局が関与したということは明記されていない。ただし万博参加は政府事業であることから、なんらかの協力や関与があったことが考えられる。またウィーン万博、フィラデルフィア万博の日本紹介本およびそれぞれの日本語版の題名は、『日本志略』『日本史略』『日本帝国誌略』とされている。史が歴史の書、歴史、文書、記録などの意味を表すのに対し、志は記録、古書、物事の記録であり、誌はかきつけ、事実や史伝をかきとめた書の意味がある。また紀伝体の歴史叙述においては、歴史現象の総体を本紀（帝王一代の年譜）、列伝（民族や個人の伝記）、志（政刑、職制、財政、地理、音楽など特殊な分野の変遷）、表（年代対照や制度の一覧）に分類し記述するという作法がある。[45]当時の修史編纂事業は、その多くが漢学者であったことから、その内容から鑑みてそれぞれの邦題名を『日本志略』『日本帝国誌略』というように名づけたのであろう。とりわけ、フィラデルフィア万博は、原文には『日本史略』と題され、日本語版に『日本帝国誌略』とあることから、英語版では歴史部分を全面に出したいとの考えがあり、日本語版では、その内容から史ではなく誌と使い分けを厳密にしたのであろう。

二　一八七八年、一八八九年パリ万博と修史館時代

1　一八七八年パリ万国博覧会

一八七八年パリ万国博覧会は同年五月一日から十一月十日までパリで開催され、三六カ国からの参加があった。主要会場は、セーヌ川両岸、シャン・ド・マルスとトロカデロの二地区であった。出品物は、これまでのように分類部門ごとに建てられたパヴィリオン内で陳列されるのではなく、シャン・ド・マルス地区を国ごとに分け、割り当てられた区域内で分類部門ごとに展示され、事務局は、各区域をそれぞれ自国の様式で壁面を装飾することを要請した。出品分類よりも国家の分類の方が前面にたてられたわけである。トロカデロ地区では中央のトロカデロ宮殿の両翼で、ヨーロッパ美術回顧展と東洋美術展が開催された。その他、各国のパヴィリオンや、フランスおよび他国の植民地のパヴィリオンもこの地区に建設されたが、この万博以降、さまざまな万国博覧会で植民地パヴィリオンが建設される

こととなる。(46)当時パリでは、一八五九年にパリ人類学協会が創設され、一八七六年にはパリ市、フランス政府、パリ大学医学部、ロスチャイルド家などからの資金援助でパリ人類学学校が設立されるなど、人類学に対する興味がさかんであり、植民地へも人類学からの興味がもたれていた。(47)

日本政府の参同経緯は、一八七六年六月十五日、在日フランス代理公使サンカンタンが寺島宗則外務卿に対して日本に参加を求めたことに始まる。ただしこれ以前に出されたフランス大統領マクマオンのパリ万博開催の布告を、駐仏代理公使中野健明が外務省に報じており、政府にとっては既知のことであった。

寺島外務卿は太政官に上申、七月にはいり三条実美太政大臣、大隈重信大蔵卿、大久保利通内務卿代理の林友幸内務少補が協議した結果、参加が決定され、八月十七日に岩倉具視右大臣の名で万博参加が布告され、準備が開始された。(48)

ただし万博準備期間である一八七六、七七年は、秋月の乱、萩の乱、西南戦争など国内では士族の反乱が相続いており、また博覧会を所管する内務省も最優先事項として地租改正事業を抱えていた。その結果、内務省が博覧会参加経費と参加概要案を提出したのが開催の前年、一八七七年一月に入ってからのことであった。提出されたパリ万博参加計画規模は予算一五万円余り、事務局も特に設置しない方針で、民間人の渡仏商人を二〇名（フィラデルフィア万博では五名）とするなど、政府（内務省）主体というよりも民間が主体となることを考えていたようであり、政府による万博準備はさほど積極的におこなわれなかった。

博覧会準備が本格化するのは、西南戦争の後のことであった。これは西南戦争の終結という要因のみならず、フランス側からの準備請求への対応でもあった。一八七七年三月二十二日、仏国博覧会事務局が内務省内に設置され、十一月には経費増額が決定された。事務副総裁には松方正義、事務官には前田正名らが任命された。（フランス渡航中に、松方を総裁、事務官長に前田が任命される。）そのほか平山成信らウィーン万博経験者などが任命された。最終的に経費は総額一八万一一二円余り、出品人数は二六二名、出品点数は四万五三一六点であった。

出品人総数二六二名のうち、フランスに渡航したのは三九名で、三井物産会社、起立工商会社、香蘭社、七宝会社、銅器会社、瓢池園など民間企業の社員がその多数をしめた[49]。これらの会社は、ウィーン万博やフィラデルフィア万博への出品、参加経験を有しており、多くはその設立自体、万博への参加を契機としたという経緯をもつ会社であった[50]。香蘭社、瓢池園は、陶磁器製造業者であるが、当時の日本の陶磁器は海外輸出品の生産がその主要であり、輸出品製造の際には、『通商彙纂』など外務省の領事報告による陶磁器関係情報などもその生産に反映されたが[51]、万博はそれ自体が輸出品の販売、海外での嗜好を製造者が直接入手できる場であった。それゆえこのような陶磁器製造業者および三井物産、起立工商会社など輸出関係を主とする会社の社員が、現地での状況をつかむためにフランスに渡航したのであろう。

パリ万博副総裁であった松方も、一八七八年二月十一日に東京を出発、パリへむかった。松方は、当時欧米における日本への認識を、以下のように述べている。

当時欧州諸国に於ては、我日本帝国の東洋に存在するを知る者甚た稀にして、偶か仏国に入るや、先つ喫驚せられたるの一事は、即ち佛国民の多数は、我帝国の独立自主たるを知らす。或は支那の属国に非すやと言ふ者あること是れなり。斯の如きは、実に咄々怪事にして、彼等の無智洵に笑ふに堪へたりと雖も、而かも翻て之を考ふれは、又決して其無礼を咎むへからさるものあるなり。何となれは畢竟帰する所は、我日本の事情未た彼等に通せす。且つ我日本の勢力未た欧州に及はすして、商工業上将た経済上の影響頗る微弱なるに依り、彼等をして我国の存在を留意せしむるに至らさるの実情なれはなり[52]。

清国の属国であると思われていることに不満を抱きつつ、日本の勢力はいまだ商工業、経済でも弱く、その結果欧米各国で日本を留意させるに至っていないのであり、日本が知られていないことは無礼とは言えないとの感想である。
シャン・ド・マルスの日本地区は、右隣に清国、左にイタリアが位置し、間口一五メートル、奥行き一三二メートルであった。博覧会事務局は、壁面をそれぞれの国風で装飾するよう要請したが、日本地区の正面には三井物産が製造に携わった門が建てられ、門の左右には瀬戸焼の手水鉢が置かれた。門の中央には「Japon」と書かれた看板が掲げられ、正面左右両壁には右に日本地図、左に東京の地図が描かれた。日本地図には、人口、都府、海港などが、東京の地図には皇居、官庁、学校、病院、公園などが示された。松方は、門に掲げられた地図などについて以下のように述べている。

博覧会場内日本館の入口に日本地図を掲けて、一般公衆に示すに我国の位置を以てし、且各種の統計表を附記して国勢を知らしむるに供し、以て我日本は建国以来幾千年光輝ある歴史を有せる独立自主の帝国にして、決して支那の属邦に非さるを諒解せしむるに努められたり。(53)

日本地区の門を日本風に装飾するのみならず、地図や統計を掲げたのには、当時世界では日本に対する認識が十分に浸透しておらず、独立国家ではなく、清国の属国であると思われているという認識を危惧し、このような展示となったのである。この門については、六月十五日付新聞「L'illustration」で「左右の壁には日本と東京の地図があります。地図は日本（事務局）により設置されました。」とイラストつきで紹介されている(54)（図2）。この日本地区内には起立工商会社が売店を設置した。
トロカデロ地区の古物館では日本の古物が展示された。古物出品は、フランス大統領マクマオンからの要求であり、東京博物館と起立工商会社などが出品した。同地区の日本区分は一〇〇〇坪余りで、日本風の門が立てられた。門は勧農局からの出品で、両柱には梅竹の絵が描かれ、両扉と左右の小扉には、蘭、竹などの草花が彫刻されていた。日本地区の中央には小さな茶室が築かれ、室内には銅器、陶磁器、漆器、蒔絵などが置かれ、訪問者があれば、茶や菓子が出された。茶室の左手には小池が作られ、横に稲が植えられた。園内には、花壇のほか、穀物や野菜の苗が植えられ、盆栽も置かれ、鶏や鴨も飼育された。これらはすべて日本から持込まれたものである。園内には三井物産、七宝会社、銅器会社等が商品、出品物を販売する売店が建てられた。この茶室と売店は三井物産が大工三名を渡航させて建築した(55)。

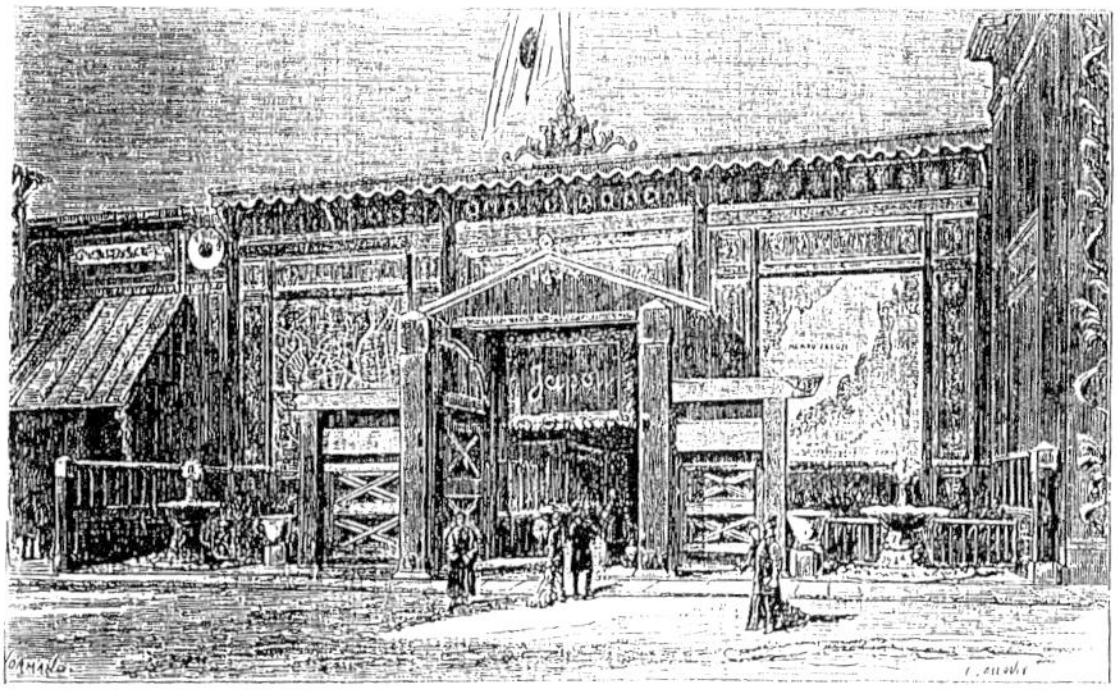

図２　1878年パリ万国博覧会　日本地区門　中央に「Japon」の文字，その右側に日本地図（出典：L'illustration, le 15 Juin 1878）

日本出品に対する反応であるが、陶磁器に関しては、会場内での売れ行きは良く、万博閉会後の一八八〇年代はフランスにおける日本陶磁器に対する研究がすすんだが(56)、フランス事務局は輸出用に制作した物が品質および美的に低下していることを指摘した。

一八七八年パリ万博の日本紹介本は、博覧会事務局からの要請で太政官修史館が編纂、平山成信がフランス語に翻訳した。地誌と史略からなる第一編『Le Japon à l'Exposition universelle de 1878, Première partie: Géographie et Histoire du Japon』(57)と、美術、教育、産業、製造物、農業、園芸などの沿革と出品物案内の第二編『Le Japon à l'Exposition universelle de 1878, Deuxieme paritie: art, education et enseignement, industrie, productions, agriculture et horticuture』(58)である。この本は、万博パンフレットの正史叙述に政府の修史編纂作業を担う部局の名称が編者として明確に記載された初めてのものである。

一八七七年（明治十）一月十八日、政府の財政緊縮にともない修史局は廃止されたが、政府は事業再興を検討し、一月二十六日、太政官直属の修史館が開設した。規模は修史局の半分である。総裁には伊地知正治、副総裁には伊達宗城が命ぜられた。第一局が総局、第二局甲科は南北朝以降の史料、皇親系図、乙科は江戸時代の資料『食貨志』、『先朝志略』、第三局甲科は『復古記』『明治史要』をそれぞれ扱い、そのほか地誌科が設置された。修史館開設以降、最初の万博が一八七八年パリ万博であった。

この万博では、先述の二冊の案内書のほか、出品目録も二〇〇〇部印刷され、配布、販売された。このような案内書について、パリ万博総裁として博覧会を訪れていた松方正義は「工芸其他の出品以外更に我国の歴史を一般外人に知らしむるの必要あり」(59)と、その必要性を述べている。修史館が編纂した第一編が地誌と史略からなるのは、一八七五年（明治八）九月二十日に太政官に設置されていた地誌課が修史局に合併され、この万博が開催される前年の一八七七年十二月八日に内務省地理局に移管されるまで地誌事業が修史館の管轄であったこともある。

この案内書は博覧会期間中に二五〇〇部が印刷、出版され、フランス側事務局、各国事務官などに配布され、会場内でも販売された。第一編の地誌の部分では、日本の人口、地理、代表的山河、湖、府県、師団、教育区、産出鉱物について書かれ、日本の歴史と現状の部分は、皇紀、西暦が併用され、これまでの案内書のどれよりも詳細である。歴史叙述では、冒頭に日本は神武天皇の即位をもって日本の歴史の始まりとすると宣言し、その後神武東征について書かれている。神武天皇以降は、これまでと異なり歴代天皇の治世としてすべての天皇が一代ずつその治世について叙述されている。南北朝時代については、後醍醐、後村上、後亀山の順に記されており、その中で南北朝時代の状況が説明されている。また王政復古から明治時代についてもこれまでより詳細に書かれ、維新後から現在にいたるまでとして行政システム、博物館、警察、産業などの様子が記述されている。この日本紹介本の日本史は翻訳され、一八九〇年に帝国大学国史科の学生むけの教科書として重野安繹、川田剛、久米邦武、星野恒編による『稿本国史眼』として発刊された。なお久米は一八七九年三月に修史館に入った。

2　一八八九年パリ万国博覧会

一八七九年パリ万博に引き続き、政府が正式に参加したのは一八八九年パリ万国博覧会である。一八八九年五月五日から十一月六日まで開催されたフランス革命一〇〇周年の記念の万博であるが、博覧会の持つ革命一〇〇周年の共和国の祭典という性格にヨーロッパの君主国は反対し、イギリスやオーストリア＝ハンガリーなどの公式参加（政府の参加）はなかった(60)。

会場は、トロカデロ、シャン・ド・マルス、アンヴァリッド、オルセー河岸などである。主会場はシャン・ド・マルスで、工業館、機械館、美術館や建築家ガルニエによる古今各国の住居が建てられた。機械館の脇にはエッフェルによる「三百メートル」塔――のちにエッフェル塔と呼ばれる――が建設された。機械館自体エッフェルの設計によるもので、長さ四二〇メートル、幅一五〇メートルにおよんだ。館内ではエジソンの蓄音機が人気を博し、電話、電動モーターが展示された。この博覧会の主役は電気で、エッフェル塔にはエレベーターが設置され、夜にはガス灯、白熱灯などで照らされた。エッフェル塔の下にはポルトガル、デンマーク、アメリカ合衆国、イタリア、ノルウェー、日本など諸外国のパヴィリオンが建てられた。日本館の建築もガルニエによるもので、内部では日本の出品物が展示、販売された。

トロカデロ地区のアンヴァリッド前の広場では、トンキン、アンナン、ジャワ、アルジェリア、チュニスなどフランス植民地などの植民地パヴィリオンが作られ、そこに現地から人が連れてこられた。[61]アンナン・トンキン館にはアンナン劇場が併設されており、アンナンの伝統劇が毎日八回上演され、ジャワ村では、ガムランがおこなわれた。[62]またオルセー河岸からシャン・ド・マルスまではベルギー、スペイン、ポルトガルのパヴィリオンが建設され、アンヴァリッドにある博覧会正門からオルセー河岸、シャン・ド・マルスまで小型の鉄道が走行した。鉄道にのればアンヴァリッドからシャン・ド・マルスにつづく各国パヴィリオンの沿道を通ることになり、世界一周の気分を味わえるという演出であった。[63]

日本政府の参加予算は当初一〇万円であったが、出品が少なかったため、のちに出品物採集のためとして三万円が追加された。前回の一八七八年パリ万博は準備期間が西南戦争の時期と重なっていたなどの理由で、それ以前の万博参加と比べて規模が縮小したが、今回はさらに縮小している。万国博への参加に消極的であったことの詳細な理由はわからないが、この時期は太政官制から内閣制への移行、憲法の起草、制定、枢密院開院、第一回総選挙、第一議会の召集など近代国家基盤制定の時期であり、かつ第三回内国勧業博覧会の開催が同じ年に予定されていたことなどがその背景として考えられる。

総裁には、農商務大臣（黒田清隆、井上馨）が、副総裁には特命全権公使である田中不二麿と農商務次官花房義質が、事務官長心得には商務書記官であった柳谷謙太郎が任命された。[64]出品人総数は四六二人、渡航者した一三人のうちには起立工商会社、香蘭社の社員などがいた。出品数は四二四二点、その主要なものは陶磁器類、漆器類、七宝金属類、織物類などで、それらは会場で販売された。[65]

博覧会終了後、事務官長心得であった柳谷謙太郎による報告書が編纂された。第三編に「外国博覧会へ参同に付ての意見」がある。これは博覧会への参加経験をもとにした将来の万博参加への提言である。その中に出品陳列に関して以下のような提言がある。

従来我国に於て外国博覧会に参同したるの状を見るに、皆其出品陳列所は半開国の区域に混入するを嫌ひ、務めて欧米各国と並設せんことを欲したる者の如し。此故に其出品の造作装飾等は、自ら欧洲風を学はさるを得さるを以て非なるものに巨額の費用を要し、而して其効益如何にと顧みれは、只欧洲列国の間に介入するに止まりて、其状月夜衆星の観なきを保せす。故に将来外国博覧会に参同するときは、寧ろ純然たる日本風の家屋を建設し、以て我出品の陳列本館と為すへし。然るときは却て人の注目する所となり、其効用列国間に介立するに倍蓰し、観客を誘ひ、購買者を求むること必す一層の便宜を加ふへし。(66)

日本の出品物を「半開国地区」に陳列されることを嫌い、欧米諸国と同地区で並列された結果、日本製品がめだたなくなっていることから、日本製品を日本風の建物の中でだけ陳列させることで人目をひき、購買者を増やそうという提案である。また柳谷は、出品の陶磁器、銅器、漆器等の日本らしさが失われ欧米風になっていると欧米の美術愛好家から批判が出ていることをひきながら、貿易品と美術品を区別し、美術品は日本固有の独特の技術を示すようにすべきであると提言している。本宮一男「海外情報と陶磁器輸出」によると、日本の陶磁器は、万国博覧会への出品物として出品されたさいに好評を博し、明治初頭より欧米各国へ輸出されていたが、一八八〇年代半ばには、輸出の停滞がみられた。日本陶磁器の珍奇さという効果が失われつつあったからである。それゆえ一八八〇年代後半には、市場開拓のため実用品日用品製造が必要という領事報告による指摘がなされていた。(67)こうして陶磁器のような輸出工芸品は現地での需要に応じて改良されたが、その結果日本らしさが失われているという美術家の批評を受けるにいたったのである。このような現地の需要と日本の伝統、特有性とをどう整合するか、というのがこの時期の課題であった。

この万博では日本紹介本や出品目録などは、必要とは思われながらも経費削減と、フランス側事務局の、印刷会社との取り決めにより日本だけ出品目録を刊行することが出来ないという理由により刊行されなかった。(68)当時の修史編纂事業は、一八八一年（明治十四）十二月二十六日、修史館は『大日本編年史』編纂のため、事業の合理化など職制改正を行った。このとき『六国史』以降の正史編纂がその目的となり、現代史の編纂事業が中止された。

翌一八八二年には、重野安繹、川田剛、久米邦武、星野恒らが中心となり『大日本編年史』編纂が開始され、一八八六年十二月、修史館は内閣臨時修史局へと移管した。これは太政官制度が廃止され、内閣制度が導入されたことに伴う制度変革である。さらに一八八八年に、修史局は帝国大学分科大学に臨時編年史編纂掛として移管された。これは前年に渡辺洪基総長の名で、文化大学に国史科を創設することと修史局の事業移管を希望する意見書が内閣に請議されたことに由来する。修史局の国史科への移管とともに、重野、久米、星野などが国史科の教授となり、彼らは教授職と修史編纂掛を兼務することとなった。

修史編纂事業の中心を担った重野は、清の考証学と江戸時代の国学を背景に、欧米の歴史学の方法論が加わって形成された実証主義者というのがこれまでの研究における評価である。(69)重野は一八七九年（明治十二）「国史編纂の方法を論ず」という講演で、日本のこれまでの歴史書は中国のものを模範として編纂されていることを、例示しつつ説明したのち、今後は欧米の歴史叙述の方法を参考にすべきであると述べた。また、これまでのものを軍記物は虚、実録は実のみであるとし、欧米の歴史叙述にみられるような人種、地理、風俗、国土、居住する人の性格を最初に説明したり、文中に論を加えて読者を啓発したり、著名な人物の小伝をはさんだりすることの有用性を説いた。(70)そしてゼルフィーの『史学』やフランスの政治家で歴史家のティエールの『Histoire de la Révolution française』『Histoire du Consulatu et de L'empire』を模範として例示しながら、叙述に意見を加えることで編者の精神を示すことができるとした。そして編者の精神を明確にするためにも、編者の氏名を掲載するよう述べた。また重野は一八八五年（明治十八）十一月、明治十九年度予算請求のため修史館総裁三条に意見書を提出した。予算請求に添えられた意見書ということもあるが、中では官選史の必要性を説き、東洋は官選史、西洋は私選の歴史書がそれぞれ盛んであるが、その背景にはそれぞれの国の歴史経緯があると述べる。そのほか執筆のさいには漢文を用いることなどが明言された。

三　シカゴ万国博覧会と『にほんれきし』

1　シカゴ万国博覧会

一八九三年シカゴ・コロンブス博覧会は、同年五月一日から十月三十日まで開催され、その名の示す通り、「コロンブスのアメリカ大陸発見四百年」記念として開催された。(71)当時アメリカ合衆国は各地の銀鉱の閉鎖や労働者のストライキの頻発など深刻な経済不況であったが、訪問客数は二七〇〇万人を超えた。敷地総面積三一六万平方メートル、陳列館総面積一二〇万平方メートルは、これまでの万国博覧会と比べてはるかに広大な規模である。会場内中央には、「ホワイトシティ」と呼ばれる白亜の建物郡、回転式の大観覧車が設置され、会場内を結ぶ輸送として電気の高架鉄道が造られた。会場内には、宇治の平等院を模し、「鳳凰殿」と名づけられた日本館が建てられた。これまでの万博でも日本家屋が建設されたがいずれも日本製品の販売店ないし喫茶店の類であり、本格的な日本館の建設はこの鳳凰殿が初めてのことである。藤原、足利、徳川の各時代を表した三棟からなる建物で、各内部では、それぞれの時代の美術品が陳列された。(72)建物自体でも日本の歴史を表現しながらのその内部で古美術展示を行うという方法は、その後の万博で踏襲されていく。なお鳳凰殿は博覧会終了後シカゴ市に売り渡された。(73)

博覧会の目的は、一四九二年以来のアメリカ合衆国の進歩を強調することにあった[74]。広大な敷地面積、科学技術の展示は、コロンブス上陸後四〇〇年を経た今、アメリカ合衆国は旧世界に対し工業的優位に立ったのみならず、人類文明の先導者たる実力を備えたとい世界へ向けてのメッセージであり、会場内の大観覧車は一八八九年パリ万博で建設されたエッフェル塔を意識して造られた[75]。

博覧会第二会場として設置された「ミッドウェイ・プレザンス」はジャクソン公園とワシントン公園をつなぐ全長一マイルほどの大通りで、娯楽施設を中心にした会場であった。大通り両側に興業館、エスニックヴィレッジ、レストランが建てられた。女性館の近くにミッドウェイ・プレザンスへの入り口があり、そこから通りの両側にモスク、パゴダ、ウィーンの街路、トルコのバザール、南太平洋諸島の小屋などが立ち並んでいた[76]。入り口に位置する女性館とは、各国の女性（主に王族など）が製作した物を展示する館である。日本からも皇后、皇太后の支援のもと、毛利安子を委員長に、岩倉久子、伊藤梅子、松方満起子らを委員とする婦人会が作られた。出品物は、皇后の書、御所車、硯、皇太后の織物、養蚕、閑院宮妃の扇のほか、女性の作品（絵画、油絵、彫刻、繭、生糸、織物、刺繍、陶器、七宝）などである。その他古今の日本女性の事跡を編纂した書『Japanese Women』[77]が作られた。政治上の女性、文学上の女性、宗教上の女性、家庭内での女性、産業での女性、芸術上の女性、日本女性の功績、現在の女性（慈善と教育）の七章構成の本である。シカゴ万博の事務報告には、この本は米国婦人会からの養成により作られたが、出版はされずに米国婦人会に寄贈され、日本婦人会の趣旨およびその綱領についての部分のみ配布されたとある[78]。

「ミッドウェイ・プレザンス」は人類学展示の一部門とされたが、アメリカ合衆国の人類学者たちが一八八九年パリ万博の植民地展示から影響を受けて建設したものである。このような民族学的展示と機械、電気など近代化、発展ということを打ち出したホワイトシティとの対比にみられるように、シカゴ万国博覧会は当時アメリカ合衆国に広まりつつあった帝国主義的な世界観、人種差別主義を映し出すものであった。[79] この博覧会もフィラデルフィア万博に引き続きスミソニアン協会が中心となって推進しており、博覧会事務局の中心人物もスミソニアン協会から派遣されたブラウン・グードであった。[80]

一八九一年三月三日、アメリカ合衆国からの正式な参同招請があったが、すでに参加がほぼ確定していた。というのも、一八九〇年四月にはシカゴで万国博覧会が開催されることが議会で決定されたという情報を入手し、同年七月には上下両院を通過し、大統領裁可を得たという情報を得ていた。また六月には元東京駐在アメリカ合衆国公使館書記官のガワードが、開催中の第三回内国勧業博覧会のために上京していた全国各地の実業家を東京のホテルに招請して、シカゴ万博への出品を勧誘していた。[81]

参加をほぼ確定していたものの、出品のための予算は、すでに第一議会の閉会がせまっており、予算案を編成して両院に提出することは不可能ということで、提出されなかった。しかし三月五日、中村弥六、内藤利八の両名が緊急動議として予算提出を求める建議案を衆議院に提出、建議案は可決された。[82] また三月七日、小幡篤次郎が貴族院で緊急動議として同様の建議案を提出し、可決された。この建議案ではシカゴ万博への参加の利点が、以下のように述べられている。

抑も米国は、我国産を消費する好得意にして、我輸出品の三分一以上は毎に米人の購ふ所なれは、宜しく此際嗜好に投して、我抱負なる貨物を出陳し、以て大に其輸出額の増加を図るへし。況んや列国産する所の粋を蒐め、精を集めたる万国大博覧会に於て、外人に知らしむるに、我国産の真価を以てし、大に聲誉を博するに至ては、我輸出品の販路、豈に米国のみに止まらんや。誠に斯くの如くんは、本邦将来海外貿易の機、実に此一挙に繋れりと謂ふも不可なかるへし。故に政府は、務めて我国産の出陳を奨励し、国費を以て、其経費を補助することを

図るへし。(83)

現在アメリカ合衆国が日本の輸出の三分の一以上を占めていることから、さらに多くの出品物を展示することで輸出の増加をはかること、つまり万国博覧会を日本製品の広告の場と捉えていた。予算案は明治二十四年度追加予算として六三万円が第二議会に提出されたが、これは前回参加した一八八九年パリ万博の予算一三万円と比べ五〇万円の増額である。予算から見ると過去二回の万博の日本の参加は縮小傾向にあったが、シカゴ万博をもって極的な参加へと展開する。日本政府の参加表明は参加国の中で一番早く、参加予算も、参加した諸外国の中で最も多額な国の一つであった。(84)

一八九一年六月五日、勅令第五二号をもって、臨時博覧会事務局官制が布告された。事務局は農商務省内に設置され、総裁に陸奥宗光農商務大臣（その後、内閣が変わるごとに農商務大臣が歴任）、副総裁に九鬼隆一帝国博物館長、建野郷三駐米特命全権公使、事務官に手島精一らが任命された。出品人数は二五五二人、出品点数は一万六五〇〇点にのぼった。

事務局の出品方針は、以下二点に集約される。第一に出品物は貿易の標本、広告となることを目的とし、将来の需要に応じられる物品で、かつ実際の価格と、必要であれば説明書を付けること、第二に美術品、美術工芸品については、その妙技を示し、名誉を掲げることを目的とし、精良の製品を出すことである。(85)この出品方針からも、現地での販売を想定し、具体的にその手はずを考慮している様子が伺える。また、これまでの博覧会出品からの反省として、以下のことが注意事項として示された。

従来外国博覧会に於ける、動もすれは漫に巨大華美を以て一場の奇観を取り、一時の巨利を貪るものあり。或は気候風土の差異を顧みす、不測の破損に遭遇するものあり。或は巧妙の標準を誤り奇怪に流れ、或は卑野に陥るものあり。是等は深く注意して、本来優美の特質を顕はし、名誉を発揚するを勉むへきなり。[86]

ウィーン万博では人目をひく巨大なもの、珍奇なものが選択、展示基準となっていたが、今後のものには優美さと名誉を求めている。これまでのような出品物、構成から構築される日本イメージから脱却し、名誉をめざす姿勢がみてとれる。

シカゴ万博を日本製品の宣伝の場としたものの、日本からの出品物（総額一五〇万フランほど）は、九月までに七、八万フランしか売れなかった。[87]会期末には適宜割引をおこなうなど販売に努めたが、後の事務報告では売れ行き不振の原因を、当時アメリカ合衆国が不況であったこと、日本製品が人々の趣向にあわなかったこと、出品過多であったなど分析している。最終的に売れ残り品は、積戻しされた。[88]

これまでの万博で出品物の中核をなしてきたのは、陶磁器、蒔絵などの工芸品であった。これらを日本政府は「美術品」として出品したものの、開催した欧米諸国では「美術工芸品」というように工芸品として取り扱われた。日本の工芸品は美しいという評価を得て、好評を博していたが、それは工業製品、工芸品の中で芸術的、美的であるという評価であり、美術品の範疇からの評価ではなかった。[89]このような事柄に対して、博覧会事務局副総裁であり、帝国博物館長であった九鬼隆一らが中心となり、シカゴ万博開催前に、西洋美術と東洋美術では区分が違うこと、陶磁器、蒔絵などの美術工芸品は「美術品」であることを説明し、美術館に陳列させることに成功した。[90]この時の経験から、「美術品の如きは、自ら学者の定論あれはなり」として、欧米に向けて学者による日本美術の定義の必要性が示唆された。[91]

また日本事務局は、外国人が日本からの物産を出品、販売、興行をおこなっていることがあるが、それは日本の対面を傷つけ、貿易に損害をもたらすとして対策を講究していた。一八九一年七月二十五日、陸奥農相は、青木周蔵外相にこのような事態への対策を依頼した。そこで在米公使からアメリカ合衆国政府およびシカゴ万博事務局へ、日本物産の陳列、販売、飲食店、販売店の設置、余興に関して、外国人が計画する場合は、日本政府または日本事務局の許可を要することとする旨を伝えた。それを受けたシカゴ側事務局は、出品およびその他について、日本政府の承認なしには許可しないことに決定した。(92)

日本の展示に関しての評価は、日本が産業化以前の文化とアメリカ型産業発展とを融合させる可能性を秘めているというものであり、アジアの国として清国と比較されつつも、ほとんどで日本の方が好意的に書かれた。これはフィラデルフィア万博でもみられた評である。(93)また鳳凰殿を建てるために日本から大工が渡航し、その他にも出品者など関係者が渡航したが、礼儀正しい日本人と評価された。(94)

2　『にほんれきし』

シカゴ万博では、日本紹介本として『The History of the empire Japan』(95)が刊行された。表紙には、英題とともに『にほんれきし』とある。この本は日本の博覧会事務局の要請で、シカゴ万博の日本地区を訪れる人のために文部省が制作を指示した。全体の編纂には、重野安繹、星野恒があたり、三上参次らが協力したと本の巻頭に書かれている。これまでの日本紹介本は、博覧会事務局編と書かれているだけで、編纂に従事した人の名は記載されたことはない。先述のように重野は、一八八〇年十二月に行った講演「国史編纂の方法を論ず」で、これまでの官選の書は単に編纂した官省局課が記載されているだけで主任選者の名が署名されていないが、主任者の編纂の精神をより明らかにするためには、その氏名を記載するほうがよいと述べていること(96)から、重野の考えにより編集者の氏名が巻頭で明記されたと考えられる。また、ここに久米邦武の名が記載されていないのは、前年の久米邦武筆禍事件により帝国大学および編纂掛を辞職していたためであろう。

『にほんれきし』は地理、序論、天皇統治の説明および九章からなり、これまでのものと異なり西暦でのみ記述されている。第一章がイザナギ、イザナミの国生み、ニニギノミコトの天孫降臨など、第二章が神武天皇の東征、即位から大化の改新まで、第三章が大化の改新から平安時代まで、第四章が鎌倉時代、第五章が南北朝時代と元寇について、第六章が室町時代、第七章が国内の平穏化にむけての再興（織田、豊臣家、征韓について）、第八章が江戸、将軍の行政、第九章が王政復古と議会制への開始である。

『にほんれきし』構成

序論は日本における歴史編纂、歴史書の歴史についてである。日本では文字による伝承以前に口頭伝承がおこなわれており、その後およそ神武天皇より五、六百年前に中国から文字が伝わったこと、推古天皇の時代に年代記のようなものが始まり、残念ながらこれらの多くのものは火事により消失してしまったが、『古事記』と『日本書紀』から多くの確かな情報が得られることなど、日本における歴史伝承、文字史料の歴史が説明されている。そして『古事記』『日本書紀』の編纂過程を説明し、『古事記』は七一二年、『日本書紀』は七二〇年に編纂されたが、これらの書物から神武天皇以後の歴史がわかると述べられている。そしてこの書物（『にほんれきし』）の前半部は「神代」であると述べ、神武天皇の時代などの年代（紀元）の制定の方法を示しながら、「神代」であり内容に超自然的な事柄もあるが、口頭伝承ではおうおうにして事実が消え去り、驚異的で超自然的なものが残るものであると説明している。このような序論の存在は、これまでの案内書にはみられない。重野らは『太平記』などに対し、厳密な考証の観点から児島高徳らの存在を否定していたが、神武天皇以来の歴史を叙述するにあたり、そのような実証主義の視点から『古事記』『日本書紀』などの史料や神代についても考慮しつつ、「神代」を日本史の中に位置づけたことが伺える。そして「神代」やそれを伝える『古事記』や『日本書紀』への史料批判も持ち合わせていることを序論で示した。序論に続き天皇統治について、イザナギ、イザナミ、アマテラス（天照大神）、神武天皇にいたる系図とともに天孫降臨や、万世一系であり現在にいたるまで続くことが述べられている。

第一章は、「神武天皇以前は「神代」と言われている」と始まり、神話ではあるが帝国の始まりを理解し、日本の風習を理解するためには学ぶべきであると述べる。重野は清の考証学、江戸時代の国学を背景とする実証主義の立場をとり、太平記の英雄伝説を否定したことから当時「抹殺博士」とよばれるほどであり、先述の「国史編纂の方法を論ず」では軍記物は虚と述べていた。ただし、国生みなど神代について虚か実かといったことは述べていない。建国の歴史叙述としての神話を、虚か実かという対象とは考えていなかったのであろう。また当時建国の歴史をを語るものとして、記紀に記載されている神話をふくめた国家起源以外には語りえなかったゆえに第一章の内容がこのようなものとなったとも言える。

また、『にほんれきし』が欧米諸国を読者想定して作成されたことも、「神代」への注釈などが序論で述べられることとなった一因であろう。重野ら修史局の中心人物は、修史局が帝国大学分科大学国史科へ移管された時に国史科教授となったが、当時同大学西洋史学科には一八八七年の史学科創設時より教鞭をとるリースがいた。重野らはドイツの実証史学を旨とするリースとの交流の中で、欧米へむけた日本史叙述での神話をふくむ建国以来の通史の叙述の処理の仕方を考慮し、序論などで神話であること宣言しながら国家起源の叙述をおこなったとも考えられる。

『にほんれきし』は、全体としてこれまでのような政治史中心の紀伝体ではなく、それぞれの章には産業、貿易、農業、軍、犯罪法、教育、文学、工芸、美術などの節がある。南北朝については、独立した章で南朝、北朝それぞれの系図が併記され、大覚寺統、持明院統の両朝が並立していたと述べられている。王政復古以降を扱った第九章では、廃藩置県、行政機構の確立、太政官制から内閣制に移行し、憲法発布、国会開設がおこなわれたことなどが解説されている。外交については、幕末の条約締結から条約改正交渉の過程、琉球、樺太、韓国との関係について書かれ、ほかにも西洋文明の導入として服装や髪形、太陽暦の採用などがあげられたり、貿易では、万博により工芸品の海外での受容が高まったなどと書かれている。法整備については、現在の民法などの整備には、古代の律令（大宝令）や明清の律を参考にしたとある。宗教についてはキリスト教が江戸時代には禁止されていたが、岩倉使節団がアメリカ合衆国を訪れた際に、このような状況は国際関係上好ましくないと判断し、一八八九年に信仰の自由が認められたというように、開催地であるアメリカ合衆国を意識した内容も含まれていた。

現代の法整備で、大宝律令など古代の律令を参照にしたことが述べられている。これは近代国家としての基盤形成が、欧米諸国の斟酌によってのみすすめられているのではなく、その事例を古代の天皇治世の時代に求めることができる事、すなわち日本の内発性を示すためのものである。そして現体制である天皇統治の正当性の伏線としての古代の天皇律令の例示であり、それゆえ第一章から第三章で神話および古代の天皇治世が詳細に記述されたのであろう。

シカゴ万博での政府の出品方針は、初めて参加したウィーン万博での巨大なもの、珍奇なものという出品方針を反省し、優美さと名誉を求めるものとなった。そして主要な輸出相手国としてのアメリカ合衆国での万博という捉え方から、実際に販売することを想定しての出品が命ぜられた。会場内に建てられた日本館は、それまでの万博のような日本製品販売所の類ではなく、日本の古美術品展示のための場所で、建物からも日本が古くから高度な文化を有していたことを示すものが建てられた。日本の歴史を紹介する『にほんれきし』では、建国の物語を含む古代からの通史叙述に対する考え方が序論で示され、現代の部分では憲法発布、国会開設や、電気、通信事業など社会基盤の整備状況なども叙述された。つまり近代化を遂げつつある現在を示すために、その過程として古美術や建国からの通史が利用されたのであった。近代化のすすむ欧米諸国の展示のなかで、日本の近代化を論証するには、日本の古代との比較が、日本の近代化の進行を可視化し、印象づけることができうるものであった。

なお重野らを中心とした修史編纂事業は、一八九三年三月二十九日、井上毅文相から伊藤博文首相へ『大日本編年史』編纂中止の要請がなされ、翌日閣議でその旨が決定、修史編纂事業が中止された(97)。その後修史編纂事業は、井上毅文相の主導で、一八九五年四月一日に再度帝国大学内に史料収集と編纂を主要業務とする史料編纂掛が設置されたが、そこに編年史の編纂は事業に含まれなかった。

おわりに

以上のように、明治政府はウィーン万博以後様々な万国博覧会に参加してきたが、回を重ねるごとに単純に規模を増大させていったわけではなかった。その理由として、当時政府としてもまだ磐石ではなく、また西南戦争など国内がまだ安定した状況ではないなど万博への参加以上に取り組むべき国内課題が山積していたことがある。その一方、万国博覧会に不参加であったことはなかった。

政府にとって万国博覧会ならびに単一業種の国際博覧会は、各国の技術を学べる場であるとともに、またわずかながらであっても日本製品を展示することで、日本の存在をアピールすることができ、かつ諸外国の情報を直接入手できる場であった。当時海外からの情報は領事報告書などから得られていたが、日本の製品を展示しながら、複数国家の状況、技術を一度に調査、習得できるというのは、万国博覧会ならではの特性であった。

このような技術習得の面だけでなく、ウィーン万博時のお雇い外国人ワグネルの出品方針に人目をひくということがあったように、当時の日本にとっての万国博覧会は、日本という国を知らしめることを目的の一つとしていた。ただし参加回数を重ねるごとに、どれほど知られていないか、また知られていても、どのような国と思われているのかということを認識していく。またそのフィードバックは機械的であったわけではなく、そこにはどのような国として見られたいかという国家の将来像というフィルターによる取捨選択があった。

人目を惹くことが目的であったため、珍奇、巨大なものということが当初の出品の要件であったが、やがて優美で技術の高いもの、また欧米でも受け入れられるようなものへと変わり、売店でしかなかった日本家屋は、古い建築物を模し、その中で日本古美術を展示する日本館へとなった。

また日本を説明するために日本紹介本が一八七三年ウィーン万博、一八七六年フィラデルフィア、一八七八年パリ万博、一八九三年シカゴ万博で作られた。ウィーン万博では、参同経過、出品目録とともに地理、歴史、人口、政治体制などが紹介された。このとき地理で琉球から樺太を日本の領域とされているが、これは一八七二年に明治政府の直轄として琉球藩が設置されたことを反映している。またこのなかで、皇紀と西暦が併記されているが、一八七二年に太陽暦の採用と紀元が制定されたことによるものである。

日本史に関する記述は回を重ねるごとに詳細になり、シカゴ万博では『にほんれきし』として日本の通史が出版された。産業、技術、近代化を標榜する万国博において、歴史によって日本を紹介し、性格づけていくということは一見矛盾する。

当時の日本は近代化を遂げつつあったとはいえ、産業技術を比較すると他の欧米諸国には劣る。それゆえ日本の過去と現在を比べることで、現在の日本が近代化の達成に向かっているという「発展」を示すことが可能となる。法制度などは古代の律令を例示することで、日本の近代化の内発性を示すこととなる。シカゴ万博では、重野らによる『にほんれきし』が刊行されたり、日本を代表する建物（日本館）として古い時代の日本建築を模した建物を建造し、その中で古美術展示が行われるなど、歴史でもって日本を表象する方法がとられたが、これは日本がある程度近代化を達成したという自覚があり、その道のりを示すための方法としてのものであった。

ウィーン万博以来シカゴ万博まで編纂された「日本史」は、これまでの日本近代史学史の中では、一八七八年パリ万博のそれが後年翻訳され『稿本国史眼』として大学教科書として出版されたことが触れられている程度であった。ただし、本章で述べてきたように、万博にむけた日本史編纂は明治前期に政府が推進した修史（正史）編纂事業との関連があった。修史編纂事業は、その対象を六国史以降とし、後には現代史は編纂からはずされたが、万博での日本紹介のための日本史は、国の起源から現時点に到るまでの通史として作成された。万博という場にむけて、諸外国に日本の歴史を提示するという目的で作成されたからある。そして通史であったからこそ、一八八九年に帝国大学に国史科が設置されると、一八七九年パリ万博日本史を翻訳した『稿本国史眼』が教科書として採用されたのである。『稿本国史眼』以外にも、一八七三年ウィーン万博のものが『日本志略』として、一八七六年フィラデルフィア万博のものが『日本帝国誌略』と翻訳、刊行されてきたが、一八九三年シカゴ万博『にほんれきし』だけは、翻訳されていない。『稿本国史眼』は、東京帝国大学国史科設立の一八九〇年に翻訳、刊行され、教科書としてその後も使用されていったが、もし重野らの修史編纂事業が継続されていれば、より詳細な通史である『にほんれきし』の翻訳が教科書として使用されたかもしれない。

修史編纂事業の中心であった『大日本編年史』が途中で中止となり未刊であったのに対し、シカゴ万博の『にほんれきし』は、『大日本編年史』編纂が中止となったまさにその年に刊行された。そして両者とも編纂の中心となっていたのは重野らであったことから、『にほんれきし』は、修史編纂作業の中心となっていた重野らの当時の考え方を反映した通史であり、それゆえ日本近代史学史のなかでも重要な史料の一つと言える。

政府の修史編纂事業の中心は、重野、久米ら漢学を専門とし、かつ実証史学を旨とする学者たちであった。彼らが抹殺論を掲げて『太平記』の児島高徳らの存在を否定したことや、正史を漢文表記で編纂することなどへの批判がある中、久米邦武筆禍事件がおこり、修史編纂事業は中止された。シカゴ万博以降参加した万博では、日本史による日本紹介本は編纂されなかったが、修史編纂事業そのものが中止されたということが、それ以降の万博での日本史による日本紹介本が作成されなくなったことと、『にほんれきし』の日本語訳が出版なされなかったことの理由であろう。

ただしシカゴ万博以降も、万博における歴史による日本の紹介、表象という方法は継承されていく。日本史の本は刊行されないが、次章で述べるように一九〇〇年パリ万博では、『稿本日本帝国美術略史』というように、美術で日本の歴史が語られた。また第五章で扱った一九一〇年日英博覧会では、日本歴史館の中で人形を使用したパノラマで日本の歴史が語られた。

シカゴ万博以降、政府は積極的に万博へ参加し、回を重ねるごとに規模も増大し、その展示も近代化を達成したことを示す内容が盛り込まれていく。これは、国内基盤が確立したこと、日清戦争での勝利、不平等条約の一部改正などの達成をうけて、これまでのイメージからの脱却をめざし、日本が近代化を遂げているという状況への認識を普及させようとしたからである。また当初の、単に日本の知名度を上げるという意味での参加という段階から、欧米と並びうる近代国家の一国という具体的な日本像が構築されてきたことの現れでもあった。

表3　明治時代に参加した国際博覧会

開催年	博覧会名称	備考
一八七三	ウィーン万国博覧会	明治政府初めての参加
一八七五	ロンドン経常博覧会	ウィーン万博付属事業として参加
一八七五	メルボルン万国博覧会	民間の参加のみ。経費三万九〇〇〇円。フィラデルフィアへの参加準備の博覧会として活用。
一八七六	フィラデルフィア万国博覧会	経費三六万円
一八七八	パリ万国博覧会	経費三三万七〇〇〇円
一八七九	シドニー万国博覧会	経費三万九〇〇〇円
一八八〇	メルボルン万国博覧会	経費三万三〇〇〇円。
一八八〇	ベルリン漁業博覧会	内務省勧農局と北海道開拓使庁の出品

（永山定富『内外博覧会総説』より作成）

一八八一	フランクフルト鉱泉学博覧会	政府参加
一八八一	アトランタ万国綿博覧会	一箱の出品を送付のみ
一八八二	トリエステ内国工業博覧会	経費四一五円
一八八三	アムステルダム植民地産物及一般輸出品万国博覧会	一度不参加を決定するが、参加に変更。
一八八三	ボストン工芸万国博覧会	起立工商会社が中心に出品
一八八四	ロンドン万国漁業博覧会	漁具、干物、貝などを出品
一八八四	ロンドン万国衛生博覧会	内務、農商務、文部の三省が協議して参加決定
一八八四	サンクトペテルスブルグ園芸博覧会、植物評議会	東京帝国大学と農商務省が中心となり出品。経費一万円。
一八八四	エジンバラ万国森林博覧会	経費二万円。
一八八四	ニューオーリンズ万国工業兼綿百年紀博覧会	経費一万五五〇〇円
一八八五	ロンドン万国発明品博覧会	村田銃を出品。経費二万七五〇〇円
一八八五	ニュルンベルグ金工万国博覧会	経費三万三〇〇〇円
一八八八	バルセロナ万国博覧会	農商務省の選定による出品委託者のみが出品
一八八九	パリ万国博覧会	経費一三万円
一八八九	ハンブルグ商業博覧会	経費五〇〇〇円
一八九〇	サンクトペテルスブルグ監獄博覧会	経費五三〇〇円。五五種を出品。
一八九三	シカゴ万国博覧会	日本館を建築
一九〇〇	パリ万国博覧会	従来よりも大規模な参加
一九〇一	グラスゴー博覧会	出品同盟会を組織させ、政府は四万円下付。
一九〇二	仏領ハノイ万国博覧会	日本貿易協会が主となり出品
一九〇四	セントルイス万国博覧会	日露戦争と同時性
一九〇五	ポートランド博覧会	日本出品協会が中心。農商務省は三万円下付
一九〇五	リエージュ万国博覧会	日露戦争のために参加を拒否するが、再三の勧誘により参加決定。政府は関与せず、日本出品協会に四万円下付。
一九〇六	ミラノ万国博覧会	農商務省が水産の一部にのみ出品。
一九〇七	ジェームスタウン万国博覧会	政府の参同なく、日本出品協会に一万五〇〇〇円下付。
一九〇八	サンクトペテルスブルグ万国装飾技術及家具博覧会	経費約三万円。台湾総督府が台湾喫茶店を設置。
一九〇九	シアトル、アラスカ・ユーコン太平洋博覧会	将来の通商と移民関係のために政府は参加を決定するも、実質は横浜商業会議所

		が中心となり、補助金七万円を下付。
一九一〇	日英博覧会	二国間の博覧会
一九一一	ローマ、トリノ万国博覧会	経費一五万二五〇〇円。
一九一一	ドレスデン衛生博覧会	内務、文部、陸海四省の共同出品。
一九一二	コペンハーゲン万国発動機博覧会	農商務省から漁船図、工場、機関図説明書、全国漁船分布図、統計などが出品。経費二四〇〇円。

註

（1）文久使節団については、鈴木健夫、P．スノードン、G．ツォーベル『ヨーロッパ人の見た文久使節団【イギリス・ドイツ・ロシア】』（早稲田大学出版部、二〇〇五年）や芳賀徹『大君の使節』（中央公論社、一九六八年）などの研究がある。

（2）オールコック『大君の都：幕末日本滞在記（下）』（山口光朔訳、岩波書店、一九六二年）一七七—二〇二頁

（3）大塚武松編輯『遣外使節日記纂輯三』（日本史籍協会、一九三〇年）五〇頁

（4）一八六七年パリ万国博覧会については、徳川昭武使節団に関連する研究が多い。例えば宮永孝『プリンス昭武の欧州紀行—慶応三年パリ万博使節—』（山川出版社、二〇〇〇年）、高橋邦太郎『花のパリへ少年使節—慶応三年パリ万国博奮闘記』（三修社、一九七九年）などである。

（5）各万国博覧会の日本紹介本における日本史部分のページ数／ページ総数一覧表

万博	ページ数／ページ総数
一八七三年ウィーン万博	六／八四
一八七六年フィラデルフィア万博	六／四二
一八七八年パリ万博	一一七／第一編一五九（第二編一九二）
一八八九年パリ万博	なし
一八九三年シカゴ万博	四二八／四八二

（6）大久保利謙『大久保利謙歴史著作集第七巻・日本近代史学の成立』（吉川弘文館、一九八八年）、Margaret Mehl, *History and the State in Nineteenth-Century Japan*, Basingstoke, Hants: Macmillan/ New York: St.Martin's Press, 1998、マーガレット・メール

「明治国家と日本近代史学の成立―現東京大学史料編纂所をめぐって―」（伊藤隆編『日本近代史の再構築』山川出版社、一九九三年）、東京大学史料編纂所編『歴史学と史料研究』（山川出版社、二〇〇三年）、桑原伸介「近代政治史料収集の歩み一―復古記を中心に明治初年の官撰修史事業」（『参考書誌研究』一七号、一九七九年）、同「近代政治史料収集の歩み二―重野安繹と編年史編集の中止」（『参考書誌研究』一八号、一九七九年）、同「近代政治史料収集の歩み三―井上毅と修史事業の再建」（『参考書誌研究』二二号、一九八一年）

（7）東京大学百年史編纂委員会編『東京大学百年史部局史四』（東京大学、一九八七年）五五六頁、Mehl, *History and the State in Nineteeth-Century Japan*, p53、マーガレット・メール「ありのままの過去―重野安繹と歴史家の仕事についての再検討―」（史学会編『歴史学の最前線』東京大学出版会、二〇〇四年）六六頁

（8）一八八〇年のメルボルン万国博覧会に関しては、明治政府の参加規模が小さかったこと、参加にそれほど積極的でなかったことから本章では省略する。

（9）田中芳男、平山成信編輯『澳国博覧会参同記要（上編）』（藤原正人編『明治前期産業発達史資料第八集（一）』明治文献資料刊行会、一九六四年）四一頁。使節団の見聞については、久米邦武編、田中彰校中『特命全権大使米欧回覧実記（五）』（岩波書店、一九八二年）二一―五二頁（第五編欧羅巴大洲の部（下）第八十二編万国博覧会見聞の記（上）、第八十三編万国博覧会見聞の記（下））を参照。

（10）ウィーン万国博覧会に関する研究は、初めての万国博覧会参加という点で他の博覧会に比べて研究の蓄積がある。その多くは殖産興業政策との関係、すなわち技術伝播の契機としてウィーン万博を捉え、万博終了後に出版された『報告書』を基本資料として、実際の技術伝播の様相について述べられている。例えば、角山幸洋『ウィーン万国博の研究』（関西大学経済・政治研究所、二〇〇〇年）は、参加過程、終了後の技術伝播の様相のみならず、佐野常民、田中芳男ら官員として任にあたった人物や、松尾儀助と起立工商会社との関係などウィーン万博にかかわった人物についても書かれている。沓沢宣賢「明治六年ウィーン万国博覧会と日本の参同―明治初期我が国の殖産興業政策を中心に―」（東海大学外国語教育センター異文化交流研究会編『日本の近代化と知識人』東海大学出版会、二〇〇〇年）は、ウィーン万博終了後、ヨーロッパで技術を学んだ人々の報告を紹介しながら、ウィーン万博を契機とした技術伝播のありようについて述べている。そのほか菊浦重雄「幕末・明治期の万国博覧会と『技術移転』―経済史との関連で―」（『桜美林エコノミックス』一三、一九八三年）や友田清彦「ウィーン万国博覧会と日本農業」上・下（『農村研究』八八、

八九、一九九九年）、同「ウィーン万国博覧会と日本における養蚕技術教育—佐々木長淳の「蚕事学校」構想を中心に—」（『技術と文明』一三—一、二〇〇二年）、鈴木淳「「勧工」—民間工業奨励政策の生成」（高村直助編著『明治前期の日本経済—資本主義への道—』日本経済評論社、二〇〇四年）がある。ウィーンでの日本展示の受容については、ペーター・パンツァー、ユリア・クレイサ『ウィーンの日本』（佐久間穆訳、サイマル出版会、一九九〇年）が言及している。

(11)　前掲『墺国博覧会参同記要（上編）』八—一四頁

(12)　前掲藤岡洋保・深谷康生「戦前に海外で開かれた国際博覧会の日本館の和風意匠について」（『日本建築学会計画系論文報告集』四一九）

(13)　前掲ペーター・パンツァー、ユリア・クレイサ『ウィーンの日本』一九—三二頁

(14)　『澳国博覧会参同記要（下編）』（前掲『明治前期産業発達史資料第八集（二）』）附録第五「澳国博覧会賞状及賞牌頒与表」

(15)　前掲『澳国博覧会参同記要（上編）』一三、一四頁

(16)　起立工商会社は、一八七三年ウィーン万博を機に設立され、一八九一年廃業した。万博における出品物を、政府に代行して販売することを主な業務とした。起立工商会社については、角山幸洋「起立工商会社と松尾儀助」（『関西大学経済論集』四七—二、一九九七年）に詳しい。

(17)　前掲『澳国博覧会参同記要（下編）』三—一三頁

(18)　一八七三年一月二十五日佐野常民「明治十年本邦に於て大博覧会開設用意の件」（平山成信『作夢録』私家版、一九二五年）一〇三—一〇六頁

(19)　佐野の国際博覧会構想および内国勧業博覧会の開催については、前掲國雄行『博覧会の時代』に詳しい。

(20)　Commission impériale japonaise de l'Exposition universelle de Vienne, *Notice sur l'Empire du Japon et sur sa participation à l'Exposition universelle de Vienne 1873, Yokohama*, 1873（平山成信訳）

(21)　国立公文書館蔵内閣文庫、維納博覧会事務局編『日本志略』（一八七三年）

(22)　前掲『東京大学百年史部局史四』五四三頁

(23)　国立公文書館蔵「三条右大臣へ修史の事を総裁せしむるの詔」太政官公文書単行書・稿本詔勅録・巻之一・内部上

(24)　前掲『東京大学百年史部局史四』五四四、五四五頁

(25) 国立公文書館蔵『太政官沿革志三十一』アジア歴史資料センターRef.A04017231400

(26) Rydell, *All the World's a Fair*, pp16-17

(27) Harris, "All the World a Melting Pot?" p27

(28) Rydell, *All the World's a Fair*,pp20-21ただし、日本側報告書には、第一鋼業・冶金術、第二製造物、第三教育・知学、第四美術、第五機械、第六農業、第七園芸の七部門とある。

(29) Ibid.,pp19-20

(30) Ibid.,pp21-22

(31) 国立公文書館蔵　記録材料『米国博覧会事務誌略一』

(32) 前掲國雄行『博覧会の時代』四〇頁

(33) フィラデルフィア万国博覧会に関する研究には、関根仁「一八七六年フィラデルフィア万国博覧会と日本―参加過程・状況を中心に―」(『中央史学』二四、二〇〇一年)、石附実「フィラデルフィア万国博覧会と日本の教育」(吉田光邦編『一九世紀日本の情報と社会変容』京都大学人文科学研究所、一九八五年)、前掲國『博覧会の時代』所収第一部第三章「フィラデルフィア万国博覧会」(四一―四七頁)、が参加経緯、方針、出品物、それへの評価など全体の概略を述べている。「日本」の説明として使われた外国語パンフレットについては、鈴木宏宗「フィラデルフィア万国博覧会(一八七六年)参加時の日本の欧文出版物」(安岡昭男編『近代日本の形成と展開』巌南堂書店、一九九八年)があり、畑智子「一八七六年フィラデルフィア万国博覧会の建築にみる「日本」」(『日本建築学会計画系論文集』五〇三、一九九八年)は、会場内の日本家屋(売店)は日本出品の一つとして建てられたが、単なる売店としての役割のみならず、その後の「日本館」の萌芽があったと指摘している。アメリカにおける研究では、代表的なものに、Rydell, "The Centennial Exhibition, Philadelphia,1976: The Exposition as a "Moral Influence"; *All the World's a Fair*, pp9-37がある。

(34) 米国博覧会事務局編『米国博覧会報告書第一日本出品解説』(一八七六年)八頁

(35) 『温知図録』は一八七六年から一八八二年にかけて博覧会事務局(内務省管轄)および製品画図掛(内務省、大蔵省、農商務省と管轄が移動)の官員が編纂した図録で、一八七六年フィラデルフィア万博のほか、一八七八年パリ万博と、一八七七年第一回内国勧業博覧会、および一八八一年第二回内国勧業博覧会を対象として出版された。『温知図録』の設立経緯とその内容、作品などについては、東京国立博物館編『明治デザインの誕生―調査研究報告書『温知図録』―』（国書刊行会、一九九七年）に詳しい。

(36) 前掲『米国博覧会報告書第一日本出品解説』一三頁

(37) 米国博覧会事務局編『米国博覧会報告書第二日本出品目録』（一八七六年）八六、八七頁

(38) 前掲畑智子「一八七六年フィラデルフィア万国博覧会の建築にみる『日本』」一九六、一九七頁

(39) Rydell, *All the World's a Fair*,pp31-32

(40) Harris,"All the World a Melting Pot?", pp28-36

(41) Imperial Commission for the Philadelphia International Exhibition, *The Empire of Japan: brief sketch of the geography, history and constitution*, Philadelphia ,1876

(42) 前掲『東京大学百年史部局四』五四六頁

(43) Imperial Commission for the Philadelphia International Exhibition, *The Empire of Japan*, p38

(44) 国立公文書館内閣文庫、米国博覧会事務局編『日本帝国誌略』（一八七六年）

(45) 「英国志」（抄）田中彰・宮地正人校注『近代日本思想大系十三歴史認識』（岩波書店、一九九一年）三七頁

(46) 前掲パトリシア・モルトン『パリ植民地博覧会―オリエンタリズムの欲望と表象』六五、六六頁

(47) パリ人類学学校は私立学校で、公開講義のみで、医学、形質人類学、歴史学、考古学、言語学、民俗学などが教えられたが、年に平均して一万人の聴講生を数えるほどであった。当時のパリにおける人類学については、竹沢尚一郎『表象の植民地帝国―近代フランスと人文諸科学―』（世界思想社、二〇〇一年）七七―八二頁に詳しい。

(48) 一八七八年パリ万国博覧会については、岩壁義光「明治十一年巴里万国博覧会と日本の参同」（『神奈川県立博物館研究報告　人文科学』一二、一九八五年）が参同までの経緯を詳細に述べている。そのほか、陶磁器について、樋口いずみ「一八七八年パリ万国博覧会における日本―日本出品当事者の意図と欧米側の反応―」（『日本女子大学大学院人間社会研究科紀要』一〇、二〇〇四年）が作品の意匠について、今井祐子「一八七八年パリ万博と日本陶磁器―日本の茶陶への関心はどのようにして芽生えたか」（『国際文化学』六、二〇〇二年）は陶磁器への現地における反応を考察した。

(49) 仏国博覧会事務局編『佛蘭西巴里府万国大博覧会報告書第二編日本部』（一八八〇年）六―八頁（以下『一八七八年パリ万博報告書』と略す）

(50) 起立工商会社は、一八七三年ウィーン万博出品物の売却を契機に設立された国策商社。香蘭社は、ウィーン万博に出品した有田磁器を見た久米邦武から不十分であるとの忠告を受け、出品物の製造にあたるため、製造業者、陶磁商らが結束して会社を興した。銅器会社はウィーン万博出品のために政府からの政策注文に応じて形成された職人集団がもととなった、瓢池園は、ウィーン万博への出品作品を制作した博覧会事務局附属磁器製造所が前身。

(51) 『通商彙纂』など官製情報と陶磁器輸出については、本宮一男「海外情報と陶磁器輸出」(高村直助編著『明治の産業発展と社会資本』ミネルヴァ書房、一九九七年)に詳しい。

(52) 藤村通監修『松方正義関係文書』第一巻(東洋研究所、一九七九年)三八二頁

(53) 同右

(54) "L'Exposition universelle" L'illustration, le 15 Juin 1878
記事には、「左右の壁には日本と東京の地図があります。地図は日本(事務局)により設置されましたが、この方法はヨーロッパの先例に由来するものです。先生方や海軍関係者によると、フランス、イギリス、ドイツが去年日本に送ったらしいです。」と紹介されている。

(55) 前掲『一八七八年パリ万博報告書』一二一—一二三頁

(56) フランスにおける日本美術研究、とりわけ陶磁器については、前掲今井祐子「一八七八年パリ万博と日本陶磁器」にくわしい。

(57) La direction de la commission impériale japonaise, *Le Japon à l'Exposition universelle de 1878, Première partie: Géographie et Histoire du Japon*, Paris: Commission impériale du Japon,1878

(58) La direction de la commission impériale japonaise, *Le Japon à l'Exposition universelle de 1878 Deuxieme paritie: art education et enseignement, industrie, productions, agriculture et horticuture*, Paris: Commission impériale du Japon,1878
内容は、絵画、教育システムの沿革、書、通貨、単位(尺など)の説明のほか、陶磁器(伊万里など各地の沿革、その種類など)、銅器、扇、採鉱、建築用木材、海産物、農産物、タバコなどの出品物の説明がある。

(59) 前掲『松方正義関係文書』第一巻、三八三頁

(60) 政府としての公式参加は、日本のほか、アメリカ合衆国、メキシコ、ギリシャ、ノルウェー、セルヴィア、ペルシャ、シャム(タイ)、スェーデン、南米で、イギリス、ベルギー、スペイン、蘭領インド、ロシア、イタリア、オランダ、オーストリア=ハンガリー、

デンマーク、ルーマニアなどは民間による参加であった。
(61) 前傾吉見俊哉『博覧会の政治学』一八二―一八七頁
(62) 井上さつき『パリ音楽案内』（音楽之友社、一九九八年）一七四―一七七頁
(63) 農商務省編『仏国巴里万国大博覧会報告書』（一八九〇年、フジミ書房復刻、一九九七年）七八―八〇頁
(64) 同右八二、八三頁
(65) 同右九一、九二頁
(66) 同右一〇〇、一〇一頁
(67) 前掲本宮一男「海外情報と陶磁器輸出」三四四、三四五頁
(68) 前掲『仏国巴里万国大博覧会報告書』九九頁
(69) 宮川康子「歴史と神話との間―考証史学の陥穽」、桂島宣弘「近代国史学の成立―考証史学をめぐって」（『江戸の思想八歴史の表象』一九九八年、ぺりかん社）
(70) 重野安繹「国史編纂の方法を論ず」『重野博士史学論文集』上巻（雄山閣、一九三八年）一―八頁
(71) シカゴ万博については、日本館鳳凰殿を対象とした三島雅博「一八九三年シカゴ万国博における鳳凰殿の建設経緯について」（『日本建築学会計画系論文報告集』四二九、一九九一年）、同「鳳凰殿の形態とその成立要因について」（『日本建築学会計画系論文報告集』四三四、一九九二年）、能登路雅子「観覧車と鳳凰殿―一八九三年シカゴ博覧会に見る日米のナショナリズム（一）」（本間長世ほか編『現代アメリカ像の再構築―政治と文化の現代史』東京大学出版会、一九九〇年）などがある。そのほか石附実「シカゴ閣龍博と教育」（前掲吉田光邦編『万国博覧会の研究』）がある。
(72) 『臨時博覧会事務局報告』（藤原正人編『明治前期産業発達史資料勧業博覧会資料（四）』明治文献資料刊行会、一九七三年）四九三―四九八頁、五〇七―五二四頁（以下『シカゴ万博事務報告』（四）と略す）
(73) 臨時博覧会事務局編「臨時博覧会事務局報告（第三回）」（藤原正人編『明治前期産業発達史資料勧業博覧会資料一九四』明治文献資料刊行会、一九七五年）二二三―二二五頁
(74) Rydell, *All the World's a Fair*,pp46-47
(75) 前掲能登路雅子「フェリス観覧車と鳳凰殿―一八九三年シカゴ博覧会に見る日米のナショナリズム（一）」一二四頁

(76) 前掲吉見俊哉『博覧会の政治学』一八七―一九四頁
(77) The Japanese imperial commission for the World's Columbian exposition, *Japanese Women*, Chicago: privately printed by A. C.McClurg and Company, 1893
(78) 『臨時博覧会事務局報告』(藤原正人編『明治前期産業発達史資料勧業博覧会資料(三)』、明治文献刊行会、一九七三年)七二―七八頁(以下『シカゴ万博事務報告』(三)と略す)、前掲『シカゴ万博事務報告』(四)五四三―五四五頁
(79) Rydell, *All the World's a Fair*,pp38-71
(80) Ibid.,pp43-46
(81) 前掲『シカゴ万博事務報告』(三)、二五、二六頁
(82) 同右二六、二七頁
(83) 同右二七頁
(84) Rydell, *All the World's a Fair*,p48
(85) 前掲『シカゴ博覧会事務局報告』(三)、九三頁
(86) 同右一一九頁
(87) 臨時博覧会事務局編「臨時博覧会事務局報告」(第二回)(前掲『明治前期産業発達史資料　勧業博覧会資料一九四』)二六頁
(88) 前掲「臨時博覧会事務局報告」(第三回)一四―二三頁
(89) 日野永一「万国博覧会と日本の「美術工芸」」(前掲吉田光邦編『万国博覧会の研究』所収)二三、二四頁
(90) 前掲『シカゴ万博事務報告』(三)、一一一頁、および同右日野永一「万国博覧会と日本の「美術工芸」」三一―三四頁
(91) 同右『シカゴ万博事務報告』(三)、一一一頁
(92) 同右一五六、一五七頁
(93) Rydell, *All the World's a Fair*,p30,p50, Harris, "All the World a Melting Pot?",p43
(94) Rydell,Ibid., p51,Harris,Ibid.,pp42-43
(95) Imperial japanese commission of the world's columbian exposition, *History of the empire of Japan*, Tokyo: Dai nippon tosyo kabushiki kwaisha,1893

(96)　前掲重野安繹「国史編纂の方法を論ず」八頁

(97)　一八九三（明治二十六）年三月三十日「帝国大学修史事業を廃止す」（国立公文書館『公文類聚』第十七編・明治二十六年）『大日本編年史』編纂中止の背景については、小路田泰直「国史の誕生と『大日本編年史』編纂の中止」（前掲『歴史学と史料研究』所収）、Mehl, *History and the State in Nineteenth-Century Japan*,pp113-140に詳しい。

第二章　一九〇〇年パリ万国博覧会と日清戦争後の日本

はじめに

一九〇〇年パリ万国博覧会は、同年五月七日から七カ月間にわたり開催された博覧会である。フランス政府およびパリ市は、一八五五年以来一〇年ごとに万国博覧会を開催しており（一八五五、一八六七、一八七八、一八八九）、一九〇〇年は五度目の万博開催であった。

会場にはシャン・ド・マルスからトロカデロ、アンヴァリッドからシャンゼリゼおよび、そのセーヌ川両岸が使用され、総面積は約二二〇万平方メートルに及んだ（図3）。総入場者数は約五〇〇〇万人、参加国は三七カ国であった[1]。

博覧会の正式名称は「美術作品及農工生産物の万国博覧会」である。一八九〇年代に入るとフランス共和国政府の指導者の関心は、壮大なテクノロジーから高級な手工業・装飾芸術へと方向転換した。重工業部門においてドイツ、アメリカが驚異的な成長をみせ、フランスは国際市場での競争に立ち遅れているという自覚があったからである。そこで国際競争におけるフランスの優位を実現するような万博を開催し、フランス本来の特質とされる洗練された優美さを武器に、ファッションや織物、装飾品、家具の分野を推進しようと考えたのである。

一九〇〇年万博は、ロザリンド・H・ウィリアムズが「一九〇〇年の万博は、消費革命の縮尺模型[2]」と位置づけ、

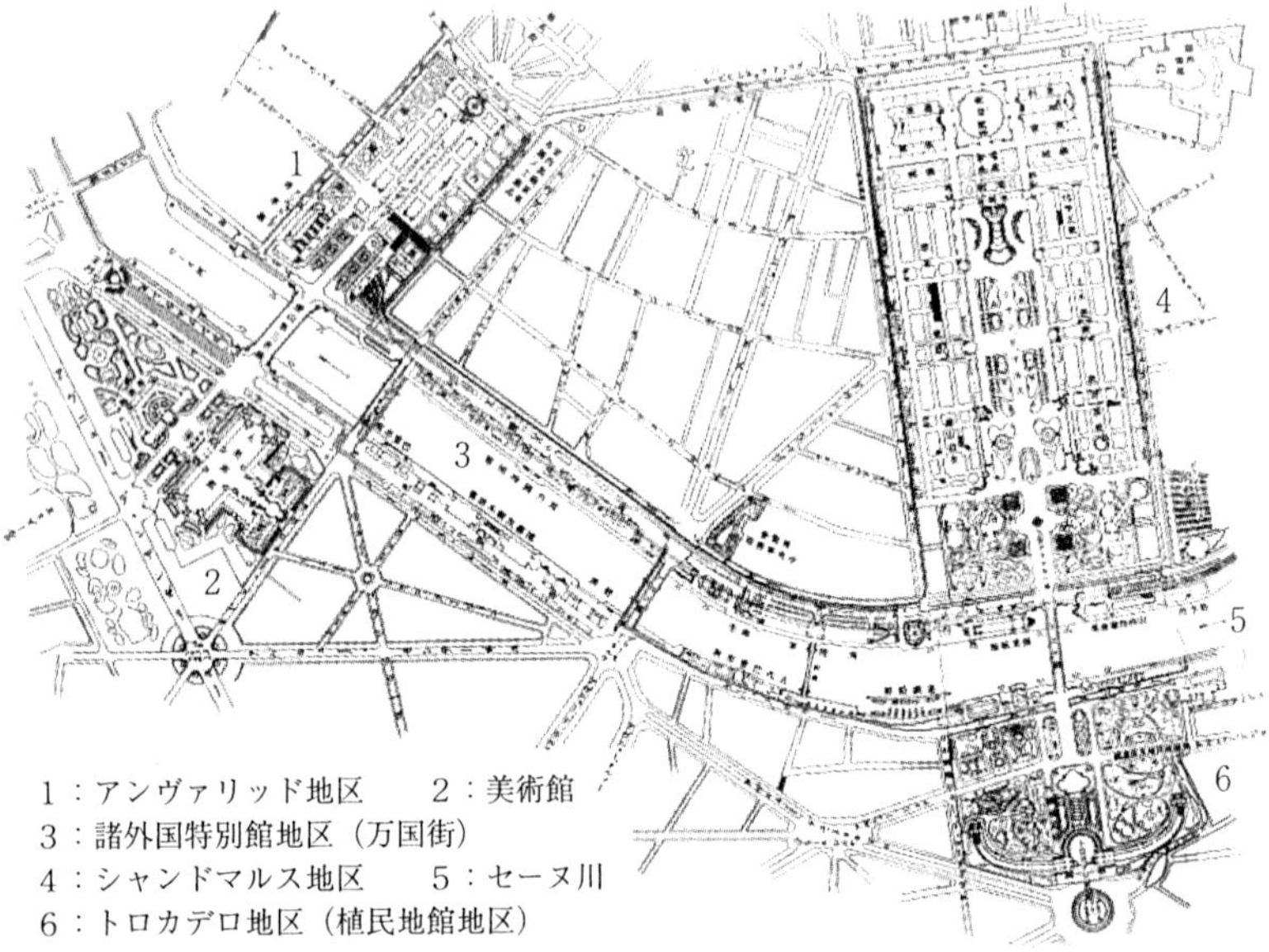

図3　1900年パリ万国博覧会全体図（出典：「千九百年巴里万国博覧会臨時博覧会事務報告上（一）」藤原正人編『明治前期産業発達史資料勧業博覧会資料二〇一』明治文献資料刊行会、1976年）

「消費の感覚的喜びが、知識の進歩を眺めるという抽象的で知的な喜びにはっきりとうちかった。[3]」というように、万博における商業主義の進行、大衆化と娯楽的な要素の拡張が、大衆の消費への意識を変化させたことが指摘されている。吉田典子「一九〇〇パリ万国博覧会―政治・文化・表象[4]」は、それ以前のパリ万博と比較して、この万博の三つの特性を、第一に工学技術に対する装飾の優位、アール・ヌーヴォーの興隆、第二に植民地展示の拡大と、商業・広告の優位、第三にスペクタクル、イリュージョン、アトラクションの優位としている。そしてこれらの特徴は、一九〇〇年に突然噴出したというよりも、一九世紀後半の万博を通して徐々に進行してきた変化が、一九〇〇年になってきわめて明確な形をとって現れたという面が大きいと述べた。近年では、植民地展示に着目することでフランスの帝国主義を美術、建築史の観点から考察したパトリシア・モルトンの『パリ植民地博覧会―オリエンタリズムの欲望と表象―』が、「一九〇〇年パリ万国博覧会の植民地パヴィリオンが絶大な人気を博したが、それが一九三一年の植民地博覧会開催の直接の動機づけとなった。[5]」とフランス政府が開催した植民地博覧会の起点として一九〇〇年パリ万博を位置づけている。

これらの研究は、いずれもフランス側の、ないしフランスにおける一九〇〇年パリ万博の位置づけ、評価であるが、日本の参加に関する研究に白幡洋三郎の「菊と万国博」がある。白幡は、「世界の強国が数限りなく繰り出してくる出品物を振り払い、切り返し、生き残って国の光を輝かせ[6]」た菊を刀にたとえ、戦争のような直接的なものではないものの、万国博という穏やかな平和時の国威発揚の場において、菊は優美な武器であったと述べる。万国博を国威発揚の場ととらえ、いかに日本が出品物を通じて戦いを勝ち抜いたかという視点である。実際この時期の日本の国内では、日清戦争での勝利、不平等条約改正を背景に、欧米諸国に対して並びうる国となったという自意識が芽生えはじめていた。

当時の日本では日清戦争を文明と非文明の戦争として捉える見方があった。[7]例えば福沢諭吉は日清戦争開戦と同時に『時事新報』で「日清の戦争は文野の戦争なり」と主張し、[8]内村鑑三は日清戦争の目的を朝鮮の独立の確立、清国を懲戒し再び台頭しないようにし、文化を東洋に施き、永く平和を計ることとした。このように日清戦争は、文明―野蛮の構図の中で論じられ、その結果、日清戦争とその勝利を期に、日本の民衆の中に朝鮮・中国を野蛮視、蔑視する思想が広がった。[9]それとともに、文明化、近代化がなされたアジアの盟主という自国への認識も広まった。[10]

その結果、このパリ万博では、日清戦争での勝利の経験を経て生まれた新たな日本像―文明化、近代化がなされたアジアの盟主としての日本―をどのようにして諸外国に印象づけるかということが国内の事務局などで考慮された。一方、主催するフランス側の事務局側は、日本を近代化がすすむもののアジアの一国にすぎないと捉え、その意識から日本への参加、出品物の要請をおこなった。この両者の思惑がからみあっているのが、一九〇〇年パリ万博である。

そこで本章では、出品方針、会場内でおこなわれる日本興行に対する規制要求などの事務レベルから日本の打ち出したい近代化を遂げた日本像と欧米が求めるような日本像とのせめぎあいを検証し、出品物や日本館、そして日本館での古美術展示の解説のために作成された『稿本日本帝国美術略史』から実際にどのような日本として見せようとしたのかを考察する。

一　出品方針

一八九二年七月二日、一九〇〇年に万国博覧会に開催することがフランス下院で建議され、同月十三日にその旨の大統領布告が出された。一八八九年の万博開催から三年後という早い時期に次回の万博開催が協議、決定されたのは、一九〇〇年が世紀転換期にあたり、ドイツでも万国博覧会の開催計画があるといううわさがあったことなどによる。日本政府への招聘は、一八九五年にフランス政府より駐仏全権公使曾禰荒助に対し内示があり、外務大臣にその旨が伝えられた。同年六月二十日に外務大臣が万国博覧会を所轄する農商務大臣へこの件をつたえ、農商務省がただちに参加するか否かを決定するための調査にとりかかった。フランス政府からの正式な参加の招聘は一八九六年一月のことで、同年二月三日、農商務大臣が参加方針確定の閣議開催を要求、同月五日、閣議で参加が可決され、フランス政府に参加が伝えられた。農商務省は枢密顧問官である九鬼隆一に準備を委嘱し、二月二十九日には、官制起草、経費予算などの取調べにあたらせるべく、農商務大臣官房博覧会掛長鈴木馬左、会計課長葦原清風、秘書課長早川鉄治、特許局長柳谷謙太郎に取調委員を命じ、同年五月九日勅令第一八九号で、臨時博覧会事務局官制が発布された。

博覧会事務局総裁には、農商務大臣が就任した。事務局が設置された一八九六年五月九日以降、万博終了までの間、八人の農相が事務局総裁をつとめることとなった。[11] 事務官長は、農商務次官が勤めるというこれまでの万博の慣例に従い、金子堅太郎が当初その任にあたった。(一八九六年五月十三日―一八九七年四月十日) 金子の後任には、約一年の事務官長不在の後の一八九八年三月三日に、農商務次官でも農商務省の役人でもない林忠正が就任し、会期終了後までその任に当たった。

林は一八七八年パリ万博のさい、起立商工会社のパリ万博会場通訳に雇われたのち、一八八〇年に起立商工会社に正式入社、一八八二年に同社退社後は、パリにて浮世絵を中心に美術商を営んでいた。さらに大英博物館、ハンブルグ博物館、ライド博物館などの日本美術の整理、解説書の作成を助けた。また一八八九年パリ万博では万博審査員として参加、一八九三年シカゴ万博でも事務局評議員を務めるなど、これまでも度々万国博覧会に関与していた。[12] パリで美術商を開き、日本美術の欧米とりわけフランスへの紹介に経験を持つ林を事務官長として抜擢するため、一八九七年七月七日、勅令二四八号で、「事務官長は勅任官事務官は高等官又は学識経験ある者を以て之に充つ」ことが裁可、公布された。[13]

予算総額は一三一万九五五九円七一銭で、前回のシカゴ万国博覧会経費予算総額七二万一七一六円余と比べて約五九万円ほど多い。[14] 支出は、総額一一一万五七八六円八五銭九厘であった。[15]

出品物に関しては、博覧会の出品部門が一八部百二〇類であったのにたいし、[16] 日本からの出品は最終的に一三部六〇類で、延べ出品人員は一三八四人、点数二万六四六〇点に及んだ。[17]

当初事務官長であった金子は、『巴里万国大博覧会に対する方針』の中で、パリ万博への参加を以下のように意義づけた。

惟ふに戦勝後我国の名声は、俄然世界の表に加はり一躍して宇内の強国と比肩するに至りたり、此の如く国威の宣揚と共に、実力もまた列国の間に寧ろ過大に信せられ、随つて畏怖せらる、に至りぬ。（中略）畢竟万国博覧会なるものは、宇内共通の事業にして、之に賛同するは国の坤輿の上に立るもの、必然の義務なり。況んや巴里大博覧会に於ける我国の位地は、他の場合とは大に事情を異にし、殊に注意を加へて賛同せさる可らさる理由あり。乃ち其の第一は前にも略ほ説くか如く、戦勝後の国威大に振張し、列国人の我国に対する注意の大に増加したるを、殊に日本国力の膨張は、寧ろ過大に信せられつ、あるか故に此の信用を墜すなく、益々之を増進し、且つ此の注意せらる、の時に当りて、国利を進むることの最も必要なること、第二には明治三十三年は、我国に於て改正条約実施の期にして、同年は宇内の各国と対等条約の上に角遂する首途なり。従来治外法権の下に羈束せられたる我国が、新たに対等条約の下に立つに至りし劈頭に於て、此の万国博覧会に賛同して我か生産物を出品し、我か生産上の実力を列国の間に示す、最も必要とする所なり。其の貿易上外交上特殊の注意を以て、上下一致豫しめ之に対する方針を確定し、今より之か準備を講すること、抑も方今の急務にあらすや。(18)

日清戦争での勝利により注目を浴びるようになり、これまでの万博における日本とは立場が異なると述べている。日清戦争での勝利は、日本が世界の列強と肩を並べるようになったことの立証であるが、その一方で三国干渉の経験を踏まえて日清戦争での勝利により植民地を有することになったことが膨張政策ととられることへの注意をうながしている。実際にパリ万博を訪れる観客などにとって、日清戦争のみならず、そもそも清国と日本の違いなどの認識がどれほどあったかはわからない。しかし金子の考えには、日清戦争での勝利により植民地を有する国家となったこと、つまり列強とならぶ強国となったということは明治政府の国家目標の達成ではあるが、それにより三国干渉という列強からの干渉を受けることとなったという経験から、国家目標のある程度の達成を成し得たいまなお、列強の論理の中で手を尽くしていくことの重要性を認識していたことがあらわれている。

次いで条約改正のことに触れているが、万博参加目的の一つである貿易促進への影響というような意味からではなく、条約改正が成ったことにより列強と対等になったということへの自覚とそれに応じた出品物とすることの必要性を説いている。

日清戦争を意識しての金子の方針は、そのほかにもみられる。たとえば出品されるべき美術品として「彼の日清戦争の際に於ける我軍勇武の状を示さんと欲し、清軍敗績の光景を描くの如きは、深く戒めざる可らず。此の如きは平和克服後更に清国人民の感情を傷つけ、徒に敵愾心を刺激するものにして、文明国人の最も忌み嫌う所、我美術家たるもの、必らず斯かる失態を演ずべからず。(19)」とある。当事、国内において日清戦争は文明対野蛮の構図で語られ、その勝利は日本が文明国であることに起因したという論理であったが、文明国の一員として戦後に相手国の感情を傷つけるような内容を描いた絵はふさわしくないとの判断である。これも前述のように、日本が好戦的で膨張政策を推進していると見られないようにとの配慮であろう。

文明国としての自覚を促すような方針は、美術工芸品の出品方針にも見られ、「近来工芸品の輸出向なるものは、品質粗悪耐久の用を為さゞるもの多し。(20)」として、粗悪品の評判がたたないよう訴えている。

機械工芸品については、日本固有の物とヨーロッパの機械応用した物の二種に分類し、日本固有の物については、日本国民が古来機械の創作および利用の能力があることを表示することを掲げ、第二種のヨーロッパの応用品については、発明は外国であっても、それを改良したのは日本人であるから、そのような類のものも出品するよう求めている。そして、出品方針の最後に、この博覧会について「我戦勝国生産力の実力を表顕して、以て将来貿易の進張に裨益するの好機会(21)」と述べるなど、金子は列強のうけとめ方へ配慮しつつも清国に勝利した国力を見せる場としてこの博覧会を捉えていた。

実際の出品物の選択方針は、一八九六年十一月十四日から同年十二月十四日まで開かれた評議員会で協議された。評議員は、官吏、学者、技術者、実業家、万博出品経験者など六一名からなり、出品選択の方針、出品整理の方針、特殊物品補助の方針、参考品、事務研究員派遣の方針、および出品規則が審議された。(22) 出品選択の方針として、具体的に以下のことが協議された。

出品すへき普通商品は貿易の目的に供すへきものたるは勿論、已に貿易品として競争の位置に立つもの、若くは現今貿易場裏に於て競争の位置に立つ場合に達せさるも、将来貿易品として販路を拡張すへき見込あるものたらさるへからす。美術品は本邦固有の気韻高雅の神趣を顕彰して本邦美術品本来の特色を発揮せさるへからす。諸機械諸工具等の類は工夫新按若くは改良に係るものにして、欧米の学術技芸を採択し、之を活用するところの実力を証明するものたらさるへからす。然り而して百般の出品及措画は、国家の対外的形体を組成し、一挙一動其精神の外に走るを許さす。是れ出品に就ては予め一定の方向を立て無益と認むへきものあらは、断然之を排斥し至要の点に向ては大に力を致さゝるへからさる所以なり。(23)

出品選択の方針で、普通商品は現在および将来的に貿易品として競争可能なもの、美術品は日本固有の様相をあらわし日本の美術品本来の特色を発揮するもの、機械工具などは欧米の技術を基としつつ工夫や改良などの活用を見せるものであることとされた。また日本からの出品物は、日本という国家を対外的に形成するものであるゆえ、この方針をはずれたり、無益と判断されたものは出品物として許可しない旨が示された。さらに博覧会の目的については以下のように述べている。

凡そ博覧会の目的は、外に対しては貿易品の広告及標本の公示を為し、内に対しては百工技能の競走場たらしむるに在り。是を以て出陳品の良否は外国に於ては貿易上の消長に最大関係を有し、内国に於ては一目のした精粗優劣を公認せしむるものにして、直接生産者及商買一家の利害に波及する所、極めて大なりとす。博覧会の事たる深く鑒みすんはあるへからす。従て博覧会は、只に其出品の選択に留意するのみならす、建築、出品、装飾等可成多数の視線を惹き以て可成多数の脳裏に蔵めしむるの方法を攻究して、博覧会の本旨貫徹することを勉めさるへからす。(24)

このように万博を貿易の見本市のように捉え、出品の選択だけでなく、見る側の視線を意識して多くの人の印象に残るよう、建築、出品、装飾にいたるまでも研究の対象にすえていた。さらに評議員会で各種協議がなされたのち、一八九六年十二月二十六日、臨時博覧会告示第二号として出品規則が公布された。(25)

明治三十三年巴里大博覧会出品規則

第一条　明治三十三年（四月十五日より十一月五日迄）仏国巴里府に開設する千九百年巴里万国大博覧会に出品せんとする者は、別に規定あるものを除くの外此規則に依るへし。

第二条　明治二十九年七月臨時博覧会事務局告示第一号の部類別に該当し左の各項に適合する物品は出品することを得。

一　美術作品は純正なる美学の原則に基き、各自か意匠と技能とを発揮すへきものなれは、出品物は作者の創意製出せしものに限る。
但し他人の製作に係る美術作品を出品するときは、必す其作者及出品人の氏名を明記するを要す。

二　優等工芸品は美術を応用し、製作良好にして鑑賞実用其宜しきを得たるものに限る。

三　普通商品は海外貿易の標本となり広告となるを以て目的とし、現に貿易品たり、若くは将来貿易品となるへき物品にして、販路拡張の見込あるものに限る。

四　諸機械諸工具等は、本邦人の創意にして機巧特に秀たるもの、又其源を海外に取るも、之に改良を加へ、若くは改良を加ふるに至さるも、製作の精巧彼我相競ふに足るへきものに限る。

五　教育、学芸、社会経済、衛生、戦術、運搬、土木、建築、音楽、印刷等は、開明の進度を示すを以て目的とし、実物を出品し能はさるものは、肝要の法令規則等を反訳し、或は統計記録等を編纂して出品するを要す。

出品規則の第一の対象が美術品となっているが、これは当博覧会が美術品に主眼をおいていることを意識していたからである。商品に関しては、貿易品の拡張をめざすという評議員会での協議が反映された内容となっている。注目すべきは第五項で、美術品、貿易品となる商品以外の出品物の選定の基準が、「開明を示すこと」となっている。第一章で述べたように、ウィーン万博参加時の展示は、「日本」を知らしめることを目的とし、人目を引くもの（こと）が掲げられ、珍奇なもの、大きいものが出品物として選ばれた。しかし日清戦争での勝利は、アジアの盟主たること、そしてアジアの盟主たらしめた要因としての近代化の達成を自認させることとなり、このように「開明を示すこと」が出品物選定の基準となったのである。第四項に「諸機械諸工具等は、本邦人の創意にして機巧特に秀たるもの、又其源を海外に取るも、之に改良を加へ、若くは改良を加ふるに至さるも、製作の精巧彼我相競ふに足るへきものに限る」とある。近代化の指標たる機械製品においても、日本人の創意によるものの展示を選定の基準にしたということは、それまでと異なり、諸外国と展示で比較、競争されても、競争に堪えうるものであるという自国製品への自信がみてとれる。そして前述の出品方針に「百般の出品及措画は、国家の対外的形体を組成し、一挙一動其精神の外に走るを許さす。(26)」とあるが、国家の対外的形態として、近代化の達成を示すことがこの万博の目的の一つであった。

二　出品物、興行、日本館

1　実際の出品物

一九〇〇年パリ万博では、出品総数は三万二七〇点（美術作品を除く）、出品人総数は一九九〇人にのぼり、一七部門中、一三部門六〇部類で出品された。出品されなかったのは、第四部門、機械及其用法（蒸気機関、各種発動機など）、第五部門、電気（電気の発生、応用機械）、第六部門、建築、運搬（土木工事機械、鉄道など）、第一六部門、社会経済、衛星及拯済（各種組合、労働者に対する教育、保障、公共衛生など）第一七部門、殖民（殖民の方法、陸海軍など）であった。この万博で初めて出品することとなった台湾からは、樟脳のみが出品されたが、他の都道府県同様の日本出品物として扱われており、第一七部門殖民への日本出品はなかった。(27)

出品方針では諸機械工具の出品の促進が掲げられたが、諸機械や電気、建築運搬などの部門での出品は実際には無かった。諸機械工具類の出品は無かったが、出品への応募がなかったわけではない。美術工芸品と諸機械工具については、図案が募集され、その中で優秀なものを選択して製作させることが決定し、(28)以下のような広告が出された。

第一　美術工芸品図案　意匠漸新にして奇僻に流れす、本邦高雅の風格を具へ、会場の偉観を増すへきもの

第二　諸機械工具（農林漁猟等の機械用具をも含む）の図案　発明改良に係るもの、若くは意匠巧妙なるもの(29)

美術工芸品に一三五名、提出図案二四八種、諸機械工具については三八名、図案七二種の応募があった。ただし審査の結果、一つとして募集の本旨に適したものはないと判断され、応募された図案はすべて不採用となった。つまり日

表4　1900年パリ万国博覧会　日本出品物一覧

出品部門	出品数	出品人員数	原価（円）	売価（円）
1　教育	29	3	475	960
2　美術	266	162	71947	164.786
3　文学、科学、美術用機械其用法	176	31	6321	11.339
7　農業	54	16	171	340
8　園芸及び樹木培養法	20	2	36	108
9　山林、狩猟、漁業、果物採摘	2060	26	6893	13.833
10　食料品	5049	213	2267	5685
11　鉱山、冶金	149	22	461	810
12　公館及び住居の装飾品並びに家具	5611	202	153.788	368.223
13　糸、織物、被服	2610	304	7016	10.847
14　化学工業	1137	125	7016	10.847
15　工業雑品	28.571	1740	1.000.456	2.403.884

本の近代化達成を示し、欧米諸国の出品物と並べても遜色がないと思われるような応募がなく、出品されなかったのである。

表4のように、最も多く出品されたのが、第一五部門の工業雑品である。この部門は金銀細工、皮革細工などの工芸品で、これまでの万博同様に出品数および売り上げで最も多数であった。なお日本の出品方針では、「美術工芸品」として出品奨励の対象となっていたが、パリ万博会場での工芸品は、「美術工芸」とは区分されていなかった。

会場内での日本の出品物は、部門ごとに割り当てられた日本の区画内に展示された。参加各国は入り口に「門」を設置し、その装飾が競われた。日本の区画の入り口の門には、「JAPON」と書かれた額面が掲げられた。アメリカ合衆国は館内に家屋を設置するなどしたが、他国の装飾に比べて日本区域の装飾は地味であった。それは日本の出品物が、他国のものと比べて色彩が地味であったため、外部の装飾を控えたからである。[30]

2　日本の興行

万博での日本展示はパヴィリオン内の出品物だけではない。「日本館」の建物自体が出品物であったのはもちろん、会場内でおこなわれる興行、たとえば日本の茶店での女性（芸者）による給仕なども観客にとっては出品物と同等の意味を持っていた。そのような「興行」には日本政府の事務局が主催、関与しているものの他に、興行師と呼ばれる民間人による興行もあった。後者の場合は、日本人によるものだけではなく、現地の興行師が見世物の一つとして開催するものもあった。日本側博覧会事務局はこのような状況に対し、外国人による日本興行や事前に報告を受けていない日本人による興行、みやげもの販売などが、日本のイメージをそこない後々悪影響をこうむると判断し、会場内でおこなわれる興行を規制対象とすることにした。

シカゴ万博でも、茶店、みやげ物販売、興行に関して日本政府ないし事務局の許可を得ることを博覧会事務局に願い出たものの受け入れられなかったが[31]、一八九六年十一月三十日、大隈重信外務大臣が加藤恒忠在仏臨時代理公使に、日本の事務官の許可を得た場合以外は、売店、喫茶店、見世物興行を行わせないという日本側事務局の方針を伝えた[32]。万博会場内での外国人による日本の物産の販売では粗野な品物が販売され、日本の風俗の見世物興行では事実に反する事項が吹聴されており、その結果、日本の物産の品位が落ち、体面が傷つけられ、出品者に被害がもたらされており、また将来的に貿易上の損失につながるというのがその理由である。一八九七年には九鬼副総裁から加藤代理公使[33]に、左記の五項目に該当する各種興行は、あらかじめ日本事務局の許可を得てからとすることをフランス側事務局へ通牒するよう訓令が出された[34]。

第一　如何なる物件たりと雖も日本品を展列するもの
第二　日本品を販売し又は日本の売店、珈琲店、料理店、茶店を設くるもの
第三　日本部以外に於て日本の物品を出品し又は販売するもの
第四　音楽、踏舞、劇場等日本の観せ物を興行するもの
第五　仏国又は外国の出品人に雇はれたる日本人にして日本の服装を着けしむるもの

この内容をふまえて加藤代理公使がフランス事務官長と交渉したものの、良い回答を得ることができなかった。その後、一八九八年に林忠正事務官長が渡仏ののち交渉を再開したさいには、日本の諏訪秀三郎が相撲興行をするという計画と、フランス企業が世界一周館のなかで日本の芸妓を雇い、歌舞させるという計画の存在が日本側に伝えられた。諏訪の相撲興行に関しては、すでに日本事務局に許可願いが出されていたが、フランスの企業の興行である世界一周館については、何ら連絡がなかった。林事務官長は、世界一周館の芸妓について、日本事務局への連絡と許可を主張したが、フランス事務官長から以下のような最終回答があった。

総則第百三条、商工郵便電信大臣は事務官長の申請に依り、別に入場料を徴収する特別展覧会の開設を許容し、飲食店、観せ物、其の他博覧会に有益なる諸般の特許を与ふることを得とあるを以て、仏国事務局は是の事に関し、外国事務局の干渉を容るへきに非す。其の権能を以て自ら之を特許し得へしと雖も、両国間の交誼上他の興行物は、日本事務局の許可を受くへきことに取極むへし。只世界一週《ママ》館は、商工郵便電信大臣に於て、已に之を許可したるを以て、又如何ともすること能はす。且つ該興行は、博覧会に対し利益あるのみならす、日本の美風を公衆に示すの利あり。尚仏国事務員に於て充分の監督を加ふへきを以て憂慮するに足らす云々と云ふに在りたり。(35)

諸般の許可をあたえる権限は開催国であるフランス事務局に帰属するという論理のもと、他国からの干渉、すなわち日本事務局からの事前許可の必要はないという回答であったが、興行に関しては、事前許可ということに取り組んでいくことが盛り込まれた。

この回答を得た後も、林事務官長は興行の事前連絡と日本事務局の許可を必要とすることを確固たるものとすべくフランス側事務局と交渉を続けたが、日本政府は、強行手段をとるなどして両国の友好関係を阻害してはならないと判断し、この件に関する交渉の中止を決めた。その後、世界一周館の興行主が日本側事務局を訪ね、館の設計、方針、芸妓の雇入、取扱などについて、日本事務局から何らかの意見があればいつでもそれに従い、改良する旨を伝えた。なお諏訪らが計画した相撲興行は、計画途中で取りやめとなった。この二件以外の日本人による会場内での興行は、フランス人に雇われた川上音二郎一座による演劇のみであったが、これは日本事務局に許可なく行われており、興行への日本政府による規制は、結局不徹底なままであった。

3　日本館について

一九〇〇年パリ万博では、日本の古美術品展示が本格的に行われた。古美術品の展示は、一八九七年に有栖川宮威仁親王がイギリスのヴィクトリア女王の即位六〇年の祝典に参列の帰途フランスに立寄ったさい、フランスの外務大臣が日本の古美術品の万国博覧会への出品を依頼したことに端を発する。日本国内での審議の末、日本美術の変遷、沿革を示すに足る優秀の品々を歴史的に展示し、そのために特別館を建築することが決定された(36)。

古美術品を展示すべく建てられたのが日本館である(37)。日本館は、欧米諸国の特別館が並ぶ地区ではなく、植民地パヴィリオンが並ぶトロカデロ地区に建てられた(図4)。日本側事務局は、「原来『トロカデロ』は殖民部にして、諸大国の特別館は何れも『ケイ・ドルセー』に建築するものなるを以て、本邦独り他の部分に於て、其の特別館を建設するは甚た遺憾」と考え、列強諸国の特別館が並ぶアンヴァリッドからセーヌ川左岸へとつづく万国街での日本館の設置を求め、事務局と再三にわたり交渉が重ねられた(38)。しかしフランス側事務局は、万国街の区域はすでに各国に分割され、もはや割り当てられる敷地が無いことと、トロカデロでの日本館設置は一旦了承済みであることを理由に、地区の変更を拒否した。日本側事務局は、交渉をこれ以上重ねるとトロカデロ地区の敷地を失う可能性が否定できない

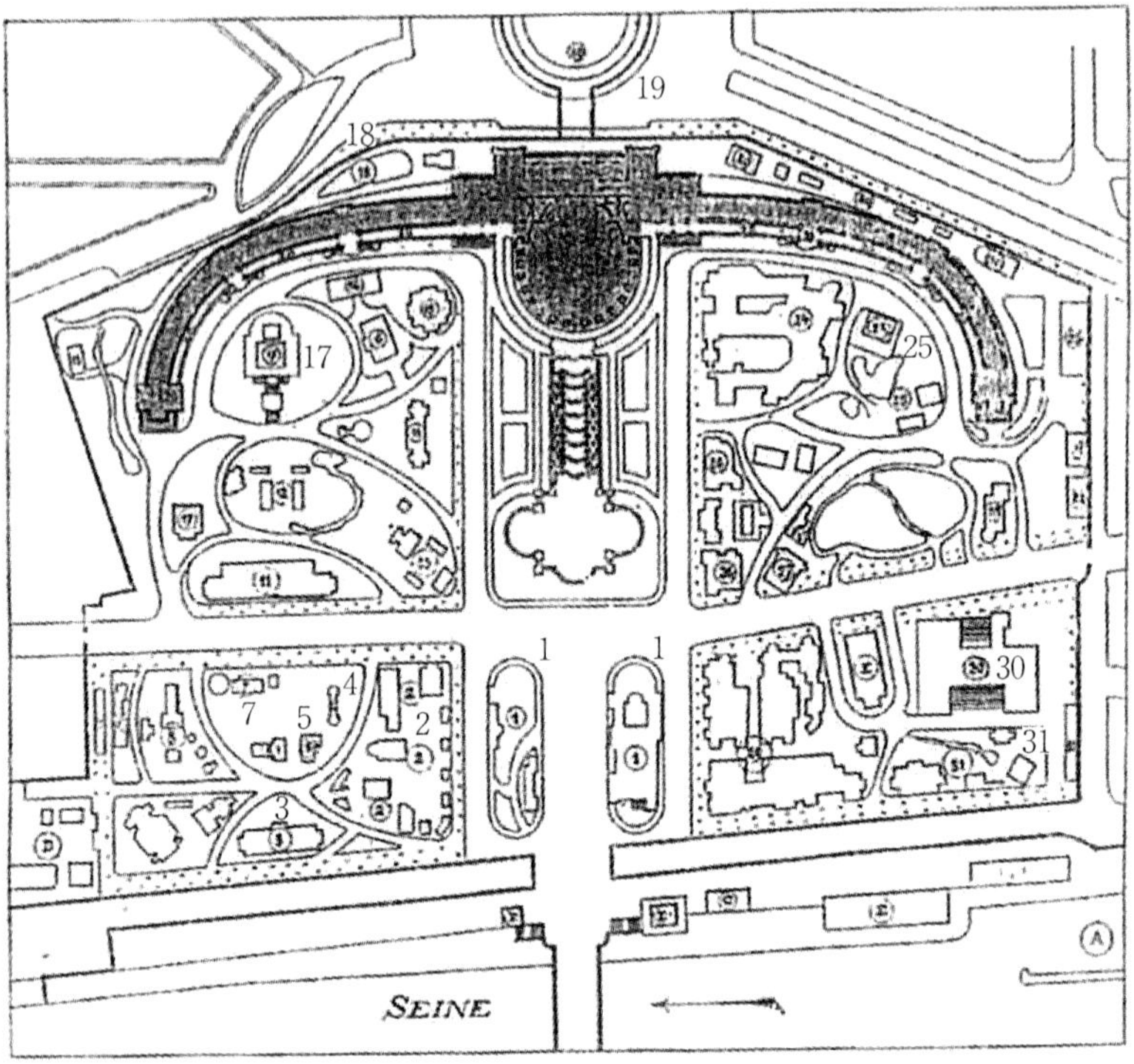

図４　トロカデロ地区図
１：アルジェリア　２：チュニス　３：スーダン、セネガル　４：ギニア
５：アフリカ東海岸　７：コートジボアール　17：カンボジア　18：コンゴ
19：マダガスカル　25：清　30：エジプト　31：日本
（出典：『Encyclopedie du siecle 'EXPOSITION DE PARIS（1900）2』）

として、地区変更を断念した[39]。

日本館は法隆寺金堂を模して作られたが、法隆寺金堂が選ばれたのは、「本邦の古風を表顕すると同時に、壮大の観を求むることを期」すものであり[40]、日本建築として誇るべきものが仏寺建築であること、日本の古美術品が仏教により発達したものであるという理由から日本館を仏寺建築とすることとし、歴史的古さ重視した結果、法隆寺をモデルとすることとなった。また、法隆寺がモデルとされたことについては、一八八〇年代後半から再建、非再建説など論考が多くなされ、一八九八年に発表された伊東忠太の「法隆寺建築論」に主要な建築の五〇分の一の図や詳細図が含まれていたことから、当時法隆寺ほど資料が豊富に集まっていた建築物はなく、それが林忠正に法隆寺を選ばせる一因となったことが指摘されている。[41] 日本館の基本的な設計は林が主におこない、フランス人のレニエとプティグランが構造設計などを含む実際の設計をおこなったが、[42] 専門家でない林が設計可能であったのも、伊東の「法隆寺建築論」などの資料を参考にしたからと思われる。

写真１　トロカデロ日本館（出典：『一九〇〇年パリ万博事務報告四』）

なお、建築材料は、当初は日本からの輸送が考えられたが、熱帯地方を通過するさいに木材などが傷むという理由から、おおむねフランスにある材料が使用された。[43] 瓦も、亜鉛を材料とし銅色に塗って瓦に似せたものが現地で作られた。建物は、間口二四メートル、奥行き約一八メートルで、室内の壁の欄間には天女が彫られ、その上部には浮世絵が描かれた。室内の天井は格天井で、そのなかには、龍、鳳凰、花の図柄が描かれた[44]（写真１）。

万博開催期間中に出された新聞「Encyclopédie du siecle EXPOSITION DE PARIS(1900)」（世紀の百科事典―一九〇〇年パリ万国博覧会）でも、日本に関する記事が何度か掲載された。その中の「博覧会における日本」という記事では、これまで留学生を欧米に派遣して西洋の技術を取得するなどして西洋の文明を取り入れ、近代化を遂げつつある国として日本が紹介されている。[45] 一方、「トロカデロ地区」という記事の中では、以下のように述べられている。

ご覧ください、様式も、時代も、国もちがうモニュメントの再現です。

古代エジプトの円柱、バラモンのパゴダ、中国と日本の反り返った屋根、アラブの丸いドーム、そのうえ、竹と土でできた壁のうえにある藁葺きの屋根、練り土の家々などあらゆる物を材料とした小屋があるのです。（われわれ）先進的な文明の建築に対して、未開の人々の不恰好な試作です。(46)

トロカデロ地区にある建築物については、近代に位置する欧米とくらべて未開な試作と述べられ、その中で日本はトロカデロ地区を構成する各種建築、モニュメントを構成する国の一つとして紹介されている。トロカデロ地区は、この前の万博でも植民地パヴィリオンの地区として使用されており、この地区に存在するということ自体、欧米の植民地ないし、未開な国という意味を持つ。また先述のように日本館は、古さを強調して法隆寺をモデルに設計されたが、古さの強調は近代以前の状況にあるということを想起させ、かつそれを報道する者や見る者のエキゾチシズムを刺激することとなった。

なお、日本以外の東アジア近隣諸国で、一九〇〇年パリ万博に参加したのは、大韓帝国、清国、タイである。大韓帝国とタイの特別館はシャン・ド・マルスの各国特別街に建てられた。ここには、この二カ国以外に、メキシコ、エクアドル、サン・マリノ、スイス、モロッコの特別館があった。

大韓帝国は、今回が初めての万博参加であったが、事務官長および、特別館の建築責任者もフランス人であったことなどから、おそらく在大韓帝国のフランス人ないし、同国と関係のあるフランス人が中心となって参加に至ったと思われる。特別館は、宮城内の謁見の間を模して建築されたと言われ、室内の四面は、七世紀頃の絹旗でおおわれていた。室内では皇帝が選抜した物と、在大韓帝国フランス人が選抜した出品物が展示された。たとえば、穀物、絹織物、椅子、傘、帽子、朝鮮煙管、煙草入れ、鼈甲細工、牛角の彫刻などの国産品などである。その他衣服が着せられた人形が展示された。その他、十六世紀ごろの書籍、古代（三韓時代）の書物、京城の写真や、市街地を走る電車の様子の写真が展示された(47)。

日本の事務報告では、この特別館に対し、「出品物と云ひ一も、進歩の機運を徴すへきものなく。欧米人は云ふも更なり。本邦人の眼を以て之を見るも、一目其の劣等国たるを認むへく、其の出品物は概して価値なきのみならす、其の陳列の不規則なる、一見古道具屋若くは荒物店かと怪まる」としている。

タイは一八六七年、一八七八年、一八八九年の三回に引き続いてのパリ万博への参加であった。シャン・ド・マルス会場内の特別館は、フランス人の建築学者ウージェーヌ・シャスルの設計で、バンコクにある建物を模範とした館と、割烹店の一棟の二棟が建てられた。特別館内では同国の出品物が展示されたが、それは各部の陳列館に配列するまでにまだ技術などが足りないという判断からであった(48)。

清国特別館は、日本と同じトロカデロ地区に建てられた(図4)。トロカデロには、日本と清のほか、トランスヴァールの特別館が建てられた。清国は、前回の一八八九年パリ万博には清仏戦争のために不参加で、今回も経費は不十分で、展示されたものの多くは骨董品の類であったようである。清国特別館は、総建坪三三〇〇平方メートルで五棟からなる。北京の故宮の九門の一つを模造した建物、ロシア領アジア館と清国館とを繋ぐ万里の長城を模した楼門、孔子廟を模した本館正門、北京の夏宮の一つを模した建物の四棟と、売店として建てられた支那風の建物である。特別館内では五穀、茶、青貝細工、象嵌細工、陶磁器、絹織物や、葬儀、婚礼衣装の人形が展示された。また数十人の職工が手工芸品の作成を実演した。これらの建物にたいし、事務報告では、「建築の壮麗なる、日本特別館を以て之に比するに頗る遜色あるを免れず」と述べている。その設計は、フランス人の事務官長と建築技師によった。事務官長シャルル・ヴァプローは清国に三〇年ほど滞在していた人物であった(49)。

三　『稿本日本帝国美術略史』

この万博では、絵画一六四点、木彫品二五点、金属彫刻物一六三点、蒔絵品一三〇点、陶磁器二七三点、古い織物、衣装などのはぎれ三六点に及ぶ日本の古美術品が日本館で展示された。(50) これらは皇室、全国の社寺などから借り出されたもので、一度に全部を陳列することができなかったため数回にわけて展示された。万博を訪れたすべての観客が日本館を訪れると館内が混雑し危険が伴うということと、単なる好奇心からの訪問は益にならないと判断され、元老院議員、代議士ほか学士会院、美術学校に対して特別券が配布されるなど、事前に事務局から券を入手した希望者のみが観覧できるという方法が採用された。

この展示にあわせて日本美術の変遷を解説すべく編纂、刊行されたのが『Histoire de l'Art du Japon』である。この本は帝国博物館が日本側事務局の命により編纂、出版したもので、一九〇〇年に万博に向けた仏語版が、その翌年日本語訳『稿本日本帝国美術略史』が刊行された。日本美術史の編纂自体は一八九一年ごろから準備されており、途中中断されたものの、一八九七年九月、一九〇〇年パリ万博での出版が決定し、再び編纂業務が本格化した。

『稿本日本帝国美術略史』は、編纂に岡倉天心、九鬼隆一などがあたり、各国王室、博物館等が主な配布先であった。『稿本日本美術略史』に関しては、日本美術史の編纂が万博を契機として実現し、まず外国にむけて出版され、その後日本語に翻訳されたという経過をたどったということから、近代日本における「日本美術史編纂作業」という観点からの研究が近年盛んである。(51) 中でも佐藤道信は『明治国家と近代美術—美の政治学』で「構築の目的は、近代国家としての「日本」が持つべき歴史文化ソフトの創出にあった。しかしさらにその究極の目的は、植民地化の危機を回避するため、不平等条約の改正に向け、国力増強（軍事・経済力の強化）とならんで、西欧に伍しうる〝一等国〟としての歴史・文化を整備することにあった。官制の「日本美術史」がまず外国向け（パリ万博出品）に編纂されたのも、このためである。[52]」と指摘している。

美術史編纂作業は、開始当初は岡倉天心が編纂主務を勤めていたが、一八九八年の東京美術学校騒動後は、福地復一が主導にあたった。[53]当時帝国博物館館長であった九鬼隆一が寄せた序文によると、黒川真頼、伊東忠太らが編纂、校正にあたり、翻訳は、エマニュエル・トロンコワ[54]が担当した。作成後、一〇〇〇部が印刷され、そのうち六部を天皇、皇太子、有栖川宮威仁親王、閑院宮載仁親王などに、二〇〇余部を国内の要人などに配布された。二七九部は欧州各国、米国、清国等の駐在公使を経て各国君主におさめ、そのほか学者、美術家、博物館長、学校長等に配布された。[55]当初は、日本館の古美術のガイドブックとして使われるために編纂されたが、実際の刊行は博覧会の閉幕間近であった。

日本美術史解説本の編纂については、金子堅太郎が「巴里万国大博覧会に対する方針」で、日本美術の原理、歴史を編纂する必要性を以下のように述べている。

我は大に日本美術の原理と沿革とを説明し、仮令泰西人の所謂美術とは多少異なりと雖とも、我日本の美術品は東洋固有の美術として、鑑賞すべき理由存在することを述べ、以て彼国人士をして、之を認諾せしむることに力を尽さゞる可らず。（中略）我国の美術もまた其の淵源を印度に発し、支那朝鮮を経て我国に伝はり、奈良平安の朝より鎌倉、足利、豊臣、徳川の各時代を経て、源流遠く由来久しく、其間歴世名工鉅匠を輩出し、以て方今に至りしもの、仮令西洋の美術と其源流同じからざるも、其の意匠技量の貴ぶへき、彼れに対し遜色あるを見ず。或は寧ろ彼れに凌駕するもの多し。故に我美術家に命して、詳かに我美術の原理、及歴史等を編述し、又は之を説明せしめ、以て我国美術の神髄をして、欧州美術家の社会に知覚せしむること、目下緊急の要務なり。此の如く仏国の美術家をして、精密の鑑査を施さしめば、万一不幸にして今回美術館に出陳することを得ず、落第すると雖とも、亦大に本邦美術の特性を欧州人士の視聴に達するに足るものにして、後日の階梯となることを得んとす。(56)

美術というカテゴリーの中の西洋、東洋を問わない普遍的価値から説くのではなく、「東洋固有の美術」という、日本の特殊性を強調するような説明が有効であるという考えであった。

『稿本日本帝国美術略史』は編年式で構成され、序論で、一、地勢風土、二、日本人の性質及び技術的好尚、三、日本美術の特質、四、日本美術の略沿革、が語られた。引き続き、第一編で、国初より聖武天皇時代に至るまでの美術変遷、第二編に桓武天皇時代より鎌倉幕政時代に至るまでの美術の変遷、第三編に足利氏幕政時代より徳川氏幕政時代に至るまでの美術の変遷、という構成である。それぞれの章は、さらに細かく時代ごとに節にわかれ、各時代状況と美術の特徴、絵画の説明がなされ、その時代を代表する仏像、建築、工芸品などの写真が掲載された。

九鬼の執筆した『稿本日本帝国美術略史』序では、冒頭で自然と日本美術のありようを説いたのち、清国、インドの現状を引き合いに出した以下のような文章が続く。

支那印度は世界に於ける最旧邦ならずや。而して目下の形勢果して如何。感慨なき能はざるなり。実に二国の文華は昔日に煥発せしも、今は僅かに千古の残影を認むるのみ。之を我帝国民列聖洪仁の余沢に沐浴感泣して、三千年の徳政を謳歌し、国光を四海万世に発揮せんとするものに比すれば、其差霄壌啻ならず。是れ豈所謂歴史的の美を享有せるものに非ずや。且支那及び印度の変乱は往々人種的の競争にして、単に政権の争奪に止まらざるなり。故に一革命一変乱の起る毎に、前日の文物は今日の灰燼と化し、嘗て一代の精気を集めて天下の善美を盡したるものも、忽ち彈烟硝霧と倶に散して、復た其残影をだに見るを得ざるもの多し。故に支那印度に於ける数年来の文華は、寧ろ其本国に余葩を留むるもの少なくして、却りて我日本帝国に遺芳を放つもの多し。（中略）彼此往来頻繁なりしを以て、二国に於ける三千年来文物の華は尽く齎らし来りて、永く我日本帝国に保存せられたるなり。故に当年二国の文献は、現時の支那及び印度に徴するを得ずして、却りて我日本帝国に伝来せるものに就きて、其一班を窺い、探求の資を求むることを得べし。（中略）固より日本美術は日本特有の趣致を有するは言うを竢たざれども、其骨子たる嘗て東洋美術の粋を集めて構成したるものに外ならず。（中略）日本帝国は世界の公園たるの外、更に東洋の宝庫なりと称するも、過言に非ざるなり。(57)

清国とインドは、昔は文化が高く、日本も両国の文化から影響を受けたが、現時点からすると、両国と日本の差は天と地ほどのものである、と説く。序論ののちに展開する日本美術史で、日本美術の源泉として中国、インドが位置づけられているため、読者に日本の美術よりも中国、インドの美術のほうが価値が高いという印象を与える可能性を考え、昔日は影響を受けていたが、現時点での清国、インド、日本の状況とは異なるという主旨である。そして清国とインドの両国の古い美術品は騒乱などで破壊されたため、それらが残っているのは日本だけであると述べる。また両国の文献も、日本に伝来したものが残っており、日本美術にはもちろん日本特有の趣があるが、そもそも日本美術は東洋美術の粋が集まってできたものであるから、日本は東洋の宝庫であると自称する。さらに日本美術史を編纂する意義を以下のように説く。

更に一大美術史を編成し、以て東洋美術史の津梁と為し、併せて東洋史学上に一大材料を給し、鴻益を与へんと欲す。蓋し是等の事業は、敢て支那及び印度の国民に望むべからず。応に東洋の宝庫たる我日本帝国民にして、始めて能く完成するを得べきのみ。(58)

日本美術史は単に日本の美術史という価値のみならず、東洋美術史への橋渡しであるゆえ東洋史としても価値があり、このようなことができるのは、清国でもインドでもなく、日本だからこそできると述べる。ここでの「東洋の宝庫たる日本」とは、「東洋＝日本」であり、古来より中国、インドの影響を多分に受けて日本美術が形成されたが、古来の両国の文化が残っているという意味や、両国の文化の集大成として形成されたという意味において、また両国が分割されたり、植民地化されたりしている現状からしてみても、日本こそが東洋を代表しうるという論理である。

このように清国とインドの両国を、昔日のおいては栄えていたが今はそうではなく、それらの栄華が今残っているのは日本であると説く論理は、日本の美術が、中国文化、インド文化の影響を受けていることを肯定しながら、そのような歴史を持つ清国、インドは現時点では没落していることを例示することで日本と日本美術の価値を高めようとする論理であり、それゆえ現時点における東洋の美術の宝庫が日本であると展開する。

この博覧会では、当時イギリスの植民地であったインドからの出品物はイギリス領の出品物として展示されていた。先述のように清国は、日本と同じトロカデロ地区に清国パヴィリオンが建設されたが、事務官長以下在清国のフランス人が中心となっており、インド、清国とも日本のように政府が中心となって参加したわけではなかった。したがって、九鬼の序における説明は、この万博会場での出品状況および当時の国際情勢から、ある程度の説得力を持つ論理であった。

またこの本には、林忠正事務官長による「読者へのあいさつ」が掲載されている。(59) まず出版に至る経緯や内容の解説がなされているが、日本美術が朝鮮、中国、インドからの影響を受け、先駆者がそれらの模写を行っていたとしても、そこに日本人特有の特徴と独特な様相が見出されると述べ、中国絵画の線は冷たく彩色が重いが、日本は線がやわらかく色調も穏やかであると述べる。林は、このような美術的な違いを仏像、建築でも展開し、最後に日本独自の芸術として漆器を例示している。また、日本美術は左右対称性を尊重しているが、濫用もしていないと述べる。これは左右対称は西洋の美の基準の一つであるが、日本美術はすべてが左右対称なわけではないが、日本美術が西洋美術の基準を充たしていなくてもそれは日本美術の特色であり、価値を下げるものではないということを述べたかったのであろう。『稿本日本帝国美術略史』の「序論、一、地勢風土」は、以下の文から始まる。

極東の島、帝国に美術の精華渾然煥発してより今に至るまで、遼遠茫邈、凡そ一千三百有余年、時に時勢の変遷に因りて変化あり。世道の汚隆と与に盛衰を免れざりきと雖も、未だ嘗て枯萎凋落の不運に際せしことなし(60)。

地勢・風土の解説の始まりにもかかわらず、日本が未だ凋落したことは無いという書き出しである。これは、この当時アジア諸国の多くが植民地化ないし、それに類する状態になっていることを念頭にした、日本が今に至るまで他国の支配下に入ったことはないことの主張である。そして日本の位置と気候の説明が続いた後、以下の文がつづく。

我が国の運輸交通の便路たる、此の森茫たる洋海は、また四面の保障となりて、帝国を擁護せるが上に、侵略的種族の近く国をなすなく、武を以ては却つて我れにこそ蹂躙せられたれ、未だ曾て我れを凌辱したる者なし。此の如く気候風土は適良にして、海陸の産物に饒に、生存は易くして、繁殖を危くするものなし。民が優游快暢の心、豈に高尚なる精神的事業に向はざるを得んや。文学美術等隆盛の因、我が国に必然的に具はり、国民はた此等を発揮すべき命運を負へるが如き、乃ち観るべし(61)。

四方を海に囲まれている自然の特性からも、日本が未だかつて属国化、植民地化されたことがないという論理へと展開し、さらには気候風土が温和で、産物も多いゆえに、人民は精神的事業にむかうこととなり、文学美術が興隆することとなった、とする。さらに以下のように続く。

我が国は、地理学及び地文学上自然の現象に富むが故に、風光の美はた頗る多し。（中略）西北風は亜細亜大陸より、日本海の水蒸気を拉して到り、東南風は多湿なる印度洋より来りて、国の中央なる大山系に撞撃するあり。故に水蒸気及び之が凝結せる美はしき諸現象多し。(62)

このように、地理学、地文学を引き合いにだして、風光の美を述べ、かつ水蒸気からその美を説く方法は、当時ベストセラーであった志賀重昂『日本風景論』を思い起こさせ、地理学と銘打っているところに内村鑑三『地理学考』（のちに『地人論』）を彷彿とさせる。この後、日本は大河長流もなく、断崖や激流もなく、富士山もそれほど高い山ではないが、むしろそれこそが日本の特徴であり、それゆえに国民はおおむね温雅で優美であり、多種多様の風景が小さな範囲の中に見出せるのは日本の他あまり例を見ないと説く。続いて、「二、日本人の性質及び美術的好尚」で日本人について述べる。最初に、日本人は大和民族で二〇〇〇年余り万世一系の皇統を戴いて定住しているがゆえに、古今にいたって一貫して一種特異な性質を有しているとし、以下八つの特質をあげている。

第一に、天皇を崇拝する忠君愛国の国民であること、第二に清廉潔白を愛する国民であること、第三に優美温雅にして活発勇敢の気性に富む国民であること、第四に直覚的にして総合的な感性を持つこと、第五に四季があるゆえ心的活動が常に盛んとなり、事物を認識することが敏感である、第六に外からの刺激が盛んゆえ、豊かな想像力を持つ、第七に自然を愛している、第八に手先が器用である、ということである。そして、この八つの性質を列挙した後、日本人はこれらの特質により、その最も愛するのは清楚淡白であり、「此の国の山川草木の如きは、その最も愛賞する所たり。」と述べる。

この本は欧米諸国の王室や博物館などにむけて出版されたが、気候、風土、環境からそこにすむ人々の気質、文化へと説く方法は、ヨーロッパではヒポクラテスの『古い医術について』にまで遡ることができ、アラン・コルバンは「風景とは解釈であり、空間を見つめる人間と不可分」と述べている。(63)風景、地理と人間の性質の関連について論ずる潮流などは特になかったが、ヨーロッパの地理学は天文学、航海術、医学、歴史、自然哲学、博物学等と不可分離な学芸、知識であった。(64)つまり確固とした潮流がなかったことが、そのような思考体系、認識が前提として存在していたと考えられる。それゆえ、このようなレトリックによる日本人観、日本美術史観は受け入れられやすいものであったであろう。

一方、当時日本では志賀重昂の『日本風景論』や内村鑑三の『地人論』が出版され、途中までこの本の編纂の中心にいた岡倉天心は、この後『東洋の理想』や『日本の目覚め』、『東洋の覚醒』を出版する。内村の『地人論』の参考文献にヘーゲルの『歴史哲学講義』が挙げられていたことから、作者である内村自体が欧米の学問を摂取していたわけだが、(65)『日本風景論』が当時再版を度重ねるほどの売れ行きであったことから考えると、(66)この種の方法による日本論が受け入れられる土壌もまた当時の日本にあり、この美術史もそのような最中に編纂されたことを表している。(67)この本の構成、内容も日本美術史ながら自然、風土から文明、民族の性質そして美術を語り、日本を説明するものであったが、この中で説明された東洋と日本の位置関係は、東洋の宝庫であり、東洋の要素を集めた集大成としての日本、すなわち東洋＝日本という論理であった。

おわりに

一九〇〇年パリ万博では、日清戦争での勝利と条約改正の達成が意識され、国力の膨張を示すようなものという出品方針が採用されることとなった。その結果、これまで主力であった美術工芸品のほか、諸機械が奨励品となった。ただし、図案などが募集されたにも関わらず、出品物として政府が望むレベルのものは提出されず、結果的に、機械、電気などの部門での出品はなされなかった。欧米諸国からの出品物との比較にいまだ日本製品は耐えうる品ではないという判断から出品が控えられたからである。また会場内での興行に、日本側事務局による事前許可を求めるなど、ただ日本が知られることよりも、どのような日本として伝わるかといった内容に意識の重点が置かれ、干渉するようになってきた。

開催国フランスからの要請を受けて出品された日本の古美術品は、質、量ともにこの万博における日本出品物の主力であった。その解説本として編纂された『稿本日本帝国美術略史』は、各国王室、図書館、大学など教育施設などが配布先であり、日本の古美術品の展示自体、一般の観客を相手にした展示物ではなく、議員や美術関係者、事前に申し込みをした人に限定された。つまり、日本の古美術出品は一般出品と異なり、すべての観客に公開されていたわけではない。にもかかわらず、一度に公開できないほど大量に輸送し、かつそれに合わせて日本美術史の本を編纂したということは、日本の美術品と日本美術史を手段として日本を表現しようとしたからである。

古美術品は、フランス側事務局の要請によるとはいえ万国博覧会の中心となる一般部門ではない。しかし古美術展示と『稿本日本帝国美術略史』によって、日本が東洋の宝庫、東洋の粋のあつまった国、そして、かつては清国、インドの両国が東洋の大国であったが現時点では日本こそが東洋を体現しているということを、美術史になぞらえながら現在の東アジア状況を表現し、提示したのである。そして、日本を東洋の宝庫、東洋の粋の集まった国と表現しているということは、東洋＝日本という表現である。ただし、ここでの東洋は具体的な地域、領域を指してはおらず、西洋、ないし西洋文化に相対する文化の枠組みとしての東洋であった。

註

（1）　イギリス、ドイツ、ロシア、オーストリア、イタリア、ベルギー、オランダ、スイス、スェーデン、ノルウェー、デンマーク、ギリシャ、スペイン、ポルトガル、ブルガリア、フィンランド、ルーマニア、セルヴィア、アンドール（アンドラ）、ボスニア、リベリア、リュクサンブール（ルクセンブルグ）、モナコ、サンマラン（サンマリノ）、トルコ、ペルシャ、アメリカ合衆国、メキシコ、ペルー、エクアドル、トランスヴァール、モロッコ、シャム、清国、朝鮮、日本が参加。なお、清国、ボスニア、エクワドル、ギリシャ、ペルー、メキシコ、モナコは特別館のみ設置した。

（2）ロザリンド・H・ウィリアムズ『夢の消費革命』（吉田典子、田村真理訳、工作舎、一九九六年）六五頁

（3）同右五六頁

（4）吉田典子「一九〇〇パリ万国博覧会―政治・文化・表象」（『国際文化学』三、二〇〇〇年）一五、一六頁

（5）前掲パトリシア・モルトン『パリ植民地博覧会―オリエンタリズムの欲望と表象―』六五頁

（6）白幡洋三郎「菊と万国博」（前掲吉田光邦編『万国博覧会の研究』）一〇三頁

（7）小風秀雅「アジアの帝国国家」（小風秀雅編『アジアの帝国国家』吉川弘文館、二〇〇四年）四〇頁

（8）一八九四年七月二十九日付『時事新報』「日清の戦争は文野の戦争なり」

（9）井口和起「日本人の国際政治観」（井口和起編『近代日本の軌跡三　日清・日露戦争』吉川弘文館、一九九四年）一二八―一三三頁

（10）前掲小風秀雅「アジアの帝国国家」四〇頁

（11）

就職	解職	職名	氏名
一八九六年五月九日	一八九七年三月十五日	農商務大臣	榎本武揚
一八九七年三月十五日	同年十一月六日	農商務大臣	大隈重信
一八九七年十一月八日	一八九八年一月十二日	農商務大臣	山田信道
一八九八年一月十二日	一八九八年四月二十六日	農商務大臣	伊東巳代治
一八九八年四月二十六日	一八九八年六月三十日	農商務大臣	金子堅太郎
一八九八年六月三十日	一八九八年十一月八日	農商務大臣	大石正巳
一八九八年十一月八日	一九〇〇年十月十九日	農商務大臣	曾禰荒助
一九〇〇年十月十九日		農商務大臣	林有造

(12) 林忠正と博覧会における日本美術出品などに関する研究には、Brigitte Koyama-Richard, "Hayashi Tadamasa et l'art décoratif de l'ère Meiji"（『武蔵大学人文学会雑誌』二八―二、一九九七年）がある。
(13) 一八九七年七月七日勅令二三八号「臨時博覧会事務局官制中左の通改正す」（内閣官報局編『法令全書』第三十巻―三、原書房、一九八一年）四三八頁
(14) 『千九百年巴里万国博覧会事務報告四』（藤原正人編『明治前期産業発達史資料勧業博覧会資料二〇四』（明治文献資料刊行会、一九七六年））七五六頁。（以下『一九〇〇年パリ万博事務報告四』と略す）
(15) 『千九百年巴里万国博覧会臨時博覧会事務局報告三』（藤原正人編『明治前期産業発達史資料勧業博覧会資料二〇三』（明治文献資料刊行会、一九七六年））六五九頁。（以下『一九〇〇年パリ万博事務報告三』と略す。）
(16) 第一部教育、第二部美術作品、第三部文学、科学芸術用の機具及製法、第四部機械及其用法、第五部電気、第六部土木、運搬、第七部農業、第八部園芸及樹木培養法、第九部山林、狩猟、漁業、果物採摘、第一〇部食料品、第一一部鉱山、冶金、第一二部公設建物及住宅の装飾並家具、第一三部原糸、織物、被服、第一四部化学工業、第一五部雑品の工業、第一六部経済、衛生及救助、第一七部殖民、第一八部陸海軍。
(17) 前掲『一九〇〇年パリ万博事務報告四』七五六頁
(18) 金子堅太郎『巴里万国大博覧会に対する方針』（中西嘉助編、発行、一八九七年）一―四頁
(19) 同右
(20) 同右一三頁
(21) 同右一七頁
(22) 前掲『一九〇〇年パリ万博事務報告三』六三一頁
(23) 同右六三四、六三五頁
(24) 同右六四二頁
(25) 内閣官報局編『法令全書』第二十九巻―七（原書房、一九八一年）五六五頁
(26) 註(23)に同じ
(27) 前掲『一九〇〇年パリ万博事務報告四』七五四、七五五頁

(28) 前掲『一九〇〇年パリ万博事務報告三』六九八頁
(29) 同右六九九頁
(30) 前掲『一九〇〇年パリ万博事務報告四』八二七、八二八頁
(31) 同右九〇一頁
(32) 一八九六（明治二十九）年十一月二十日付在仏加藤恒忠臨時代理公使宛大隈重信外務大臣書翰（外交史料館蔵『外務省記録』「仏蘭西国巴里開設万国博覧会に帝国政府参同一件」三）
(33) 加藤恒忠はパリ万博日本事務局事務官でもあった。
(34) 前掲『一九〇〇年パリ万博事務報告四』九〇一頁
(35) 同右九〇一、九〇二頁
(36) 同右八三六頁
(37) 日本館では、古美術展示のほか、地内の日本庭園、喫茶店を使って会期中に二度祝宴がもよおされた。一九〇〇年五月五日の日本館開館式と、十一月三日の明治天皇の誕生日を祝う天長節の祝宴の二度である。開館式にあたり、フランスの各国務大臣、各官房長、参加した各国の事務局員、外交官、新聞記者、パリ在住の日本人に対して招待状約二一〇〇通あまりが出された。実際に当日来館したのは、六〇〇〇人以上と報告されている。天長節の祝宴は、十月三十一日に挙行された園芸部門における菊のコンクールで、日本の菊が大賞を得ていたこともあり、観菊会もかねられていた。観菊会の様子は、前掲白幡洋三郎「菊と万国博」に詳しい。
(38) 万国街には、イタリア、トルコ、アメリカ合衆国、オーストリア、ボスニアとヘルツェゴビナ、ベルギー、ノルウェー、イギリス、ドイツ、ハンガリー、スペイン、モナコ、スウェーデン、デンマーク、ポルトガル、ペルー、ブルガリア、ルーマニアなどが特別館を設置した。トロカデロ地区には、日本、清国、ロシア領アジア館、オランダ領インド館、トランスヴァール（現南アフリカ共和国）の館が設置された。
(39) 前掲『一九〇〇年パリ万博事務報告四』七六八頁
(40) 同右八三二頁
(41) 三島雅博「一九〇〇年パリ万国博における日本館の形態について」（『日本建築学会計画系論文報告集』四五〇、一九九三年）一

三四―一三七頁
(42) 同右
(43) 前掲『一九〇〇年パリ万博事務報告四』八三一頁
(44) 同右八三二頁。一九〇〇年パリ万博日本館は、閉会後ベルギーのレオポルド三世が購入し、ベルギーに移築され、現在、ブリュッセル市内の公園にある。
(45) 'le Japon a L'exposition', *Encyclopédie du siècle EXPOSITION DE PARIS(1900) 3*, Paris, Librairie Illustrée, Montgredien et Compagnie, Éditeurs, p284
(46) 'le parc du Trocadéro', *Encyclopédie du siècle 'EXPOSITION DE PARIS(1900) 2*, Paris, Librairie Illustrée, Montgredien et Compagnie, Éditeurs, p240
(47) 前掲『一九〇〇年パリ万博事務報告三』四八一―四八四頁
(48) 同右四八〇―四八二頁
(49) 同右四八六―四八八頁
(50) 前掲『一九〇〇年パリ万博事務報告四』八三九頁
(51) 『稿本日本帝国美術略史』の編纂過程およびその内容、そして日本近代日本美術史における位置づけという点からは、高木博志「日本美術史の成立・試論―古代美術史の時代区分の成立―」（『日本史研究』四〇〇、一九九五年）、佐藤道信『〈日本美術〉誕生―近代日本の「ことば」と戦略』（講談社、一九九六年）、同前掲『明治国家と近代美術』に詳しい。また『稿本日本帝国美術略史』の構成、作品選択については、並木誠士、高松麻里、永島明子「日本美術史形成期の研究（一）―『稿本日本帝国美術略史』の作品選択と記述―」（『人文（京都工芸繊維大学工芸学部研究報告）』四七、一九九八年）、馬渕明子「一九〇〇年パリ万国博覧会とHistoire de l'Art du Japonをめぐって」（東京国立文化財研究所編『語る現在、語られる過去―日本の美術史学一〇〇年―』平凡社、一九九九年）は、フランス語版と日本語版を比較しつつ、開国以来編纂時期まで欧米で出版された「日本美術史」記述と、『稿本日本帝国美術略史』の構成、記述内容とを比較し、欧米での「日本美術史」記述が、『稿本日本帝国美術略史』に影響を与えたことを指摘した。
(52) 前掲佐藤道信『明治国家と近代美術』一二七頁

(53) 前掲『一九〇〇年パリ万博事務報告四』九一一―九一三頁

(54) エマニュエル・トロンコワ（一八五五―一九一八）は、パリで建築家オーギュスト・トロンコワの長男として生まれる。一八七八年パリ万博において、父オーギュストが家具・室内装飾部の審査・実行委員会長を務める。その報告書で、日本の工芸品装飾品を高く評価し装飾美術館の、装飾美術館の創設を提案。当初建築学を専攻するが、画家のアトリエに通い、のちにパリ大学人類学科とパリ国立音楽学校に通う。さらに、中国語と日本語を習い、一八九四年に日本語と古美術の研究のため、自費で来日。日本滞在期間は一八九四年から一九一〇年。黒田清輝、久米桂一郎らと交流をもつ。来日中は、横浜、のちに東京のフランス領事館で勤め、『仏文雑誌』の編集員となり、高等商業学校付属外国語学校でもフランス語を教えた。また一八九五年には東京美術学校で「欧州に於ける美術教育の組織及精神」という連続講演を行った。トロンコワについては、クリストフ・マルケ「エマニュエル・トロンコワと明治中期の洋画壇」（『美術研究』三八六号、二〇〇五年）、Christophe Marquet, "Emmanuel Tronquois(1855-1918), un pionnier des études sur l'art japonaise. Sa collection de peintures et de livres illustre d'Edo et de Meiji", *Ebis 29 (2002)* に詳しい。

(55) 前掲『一九〇〇年パリ万博事務報告四』九三〇頁

(56) 金子堅太郎『巴里万国大博覧会に対する方針』（臨時博覧会事務局、一八九七年）一〇、一一頁

(57) 帝国博物館編『稿本日本帝国美術略史』（農商務省、一九〇一年）序　一、二頁

(58) 同右三頁

(59) 同右 i―ix頁

(60) 同右一頁

(61) 同右二頁

(62) 同右

(63) アラン・コルバン『風景と人間』（小倉孝誠訳、藤原書店、二〇〇二年）一一頁

(64) 大室幹雄『志賀重昂『日本風景論』精読』（岩波書店、二〇〇三年）一三七頁

(65) 同右一六三―一六五頁

(66) 同右一九、二〇頁

(67) 井上勲「日本史の環境」（井上勲編『日本史の環境』吉川弘文館、二〇〇四年）一三、一四頁

博覧会事務報告上巻』より作成）

第4回（京都） （1895.4.1～7.31）	第5回（大阪） （1903.3.1～7.31）
50,558坪	114,017坪
8,744坪	16,506坪
122日	153日
169,098点	276,719点
73,781人	130、416人
1,136,695人	5,305,209人
17,729点	36,486点
377,256円	1,066,611円
第1部工業 第2部美術 第3部農業・山林・及園芸 第4部水産 第5部教育及学芸 第6部鉱業及冶金 第7部機械	第1部農業及園芸 第2部林業 第3部水産 第4部採鉱及冶金 第5部化学工業 第6部染織工業 第7部製作工業 第8部機械 第9部教育･学術衛生及経済 第10部美術及美術工芸
工業館　美術館 農林館　動物館 水産館　機械館	農業館　林業館　水産館 工業館　機械館　教育館 美術館　通運館　動物館 水族館　台湾館　参考館 温室　冷蔵庫

第三章　第五回内国勧業博覧会

はじめに

第五回内国勧業博覧会は、一九〇三年三月一日から七月三十一日にかけて大阪市南区天王寺（当時）において開催された。以前のそれと比べ敷地面積、開催日数、出品数などにおいてその規模は最大であり、入場者総数は四三五万六九三人にのぼった（表5）。内国勧業博覧会の開催は五回を数え、一八七八年に東京上野での開催に始まり、大阪での第五回のそれをもって終了した。そもそも内国勧業博覧会は、産業を中心に欧米の技術を摂

表5　第1回～第5回内国勧業博覧会の開設状況比較（農商務省編『第五回内国勧業

	第1回（東京）（1877.8.21～11.30）	第2回（東京）（1881.3.1～6.30）	第3回（東京）（1890.4.1～7.31）
敷地面積	29,807坪	43,300坪	40,000坪
列品館陳列坪数	3,013坪	7,563坪	9,569坪
開会日数	112日	122日	122日
出品点数	84,352点	331,169点	167,066点
出品人員	16,174人	31,239人	77,432人
観覧人員	454,168人	822,395人	1,023,693人
褒賞点数	4,321点	4,031点	16,119点
経費	106,875円	276,350円	486,148円
出品部類	第1区鉱業及冶金術 第2区製造物 第3区美術 第4区機械 第5区農業 第6区園芸	第1区鉱業及冶金術 第2区製造物 第3区美術 第4区機械 第5区農業 第6区園芸	第1部工業 第2部美術 第3部農業・山林・及園芸 第4部水産 第5部教育及学芸 第6部鉱業及冶金 第7部機械
列品館舎	本館（参考棟） 農業館　機械館 園芸館　動物館	本館　美術館 機械館　農業館 園芸館　動物館	本館　美術館 農林館　動物館 水産館　水族館 機械館　参考館

取、検討、伝播させる場として、大久保利通内務卿の提唱により始まり、明治期に五回開催された。第五回内国勧業博覧会とは、内国勧業の目的の一応の終了と、その反面で、いわば国家表現の新たな模索を示していた。

本章で取り扱う第五回内国勧業博覧会は、当初一八八九年の開催予定であった。しかしながら一九〇〇年パリ万国博覧会への参加決定により、出品者などの準備が困難であるなどを理由に一九〇三年の開催となった。開催地の決定は第十四帝国議会において行われ、一九〇〇年五月十五日の勅令をもって大阪で開催するという旨が公布された。

第五回内国勧業博覧会は、(1)吉見俊哉『博覧会の政治学』の中で、「明治三十年代以降に開かれていく博覧会になると、むしろ積極的に、見世物的な要素を会場のなかに取り入れていこうとする動きが現れてくる」(2)と指摘され、「そうした兆候が最初にはっきり現れるのは、一九〇三年の第五回内国博のときからである」(3)と評されている。事実会場内には、メリーゴーランドやウォーターシュート、アメリカ女優カーマンセラの電気舞が話題を呼んだ不思議館などの施設、会場外に設置された世界一周館のほか、各陳列館は電球で装飾がされ、夜間のイルミネーション風景が演出された。(4)これまでの内国勧業博覧会での余興は、花火、奏楽、イルミネーション程度であったことと比べて大規模であり、(5)このような娯楽は、それ自体が新しい技術を示すものであった。

この第五回内国博が開催された一九〇三年は、日露開戦が射程に入ってくる頃であった。一九〇三年四月二十一日、京都の山県有朋の別邸（無隣庵）に伊藤博文、桂太郎、小村寿太郎が集まり、満韓問題は不可分の問題であり、日本に有利な満韓交換（満州におけるロシアの権利を制限）で取り組むという対露方針が協議された。これは前日の同月二十日に行われた第五回内国博開会式出席のため、天皇以下政府首脳、元老らが大阪に移動していたために京都で協議されたのである。また四月二十日の開会式に先だち、四月十日、天皇、内閣の主要閣僚の出席のもと、神戸沖で日本の軍艦四一隻による海軍大演習観艦式が挙行され、イギリス、ドイツ、ロシア、イタリア、フランスの五カ国の軍艦が列外にあって参加した。(6)このような大規模な海軍の演習、観艦式は、これが初めてのことである。

第五回内国博は日清戦争での勝利と条約改正後の開催ということから、開催計画段階で万博としての開催が協議された。最終的には内国博としての開催となったが、会場内には日清戦争により領有することとなった植民地の台湾館や、会場外ではあるが、アイヌ、琉球、台湾、清国、朝鮮半島の人々などを展示する人類館などが設置された。このような植民地展示とその地に暮らす人々の展示は、当時の万国博において娯楽要素として不可欠なものであった。

本章では、対露戦が意識されていたという時代状況をふまえつつ、第五回内国博覧会が「内国」の名称を関したまま万国博覧会を意識して開催されたことに着目する。具体的には、天皇以下政府首脳が参加した開会式やその直前に開かれた観艦式の様子、そして内国博ながら、当時の万博に不可欠となっていた台湾館という植民地展示や、会場外にではあるが人類館を有していたことを考察する。この当時植民地展示とその地に暮らす人々の展示は、万博の持つ娯楽要素として不可欠なものの一つであったが、台湾館と人類館は殖産興業、産業技術の伝播とは直接は関係がなく、内国勧業博覧会としては本来必要ではない。そこで台湾館とその設立経緯と、人類館とそこに展示された人々の国などから抗議を受けると次々に展示を中止しながらも、最後まで館自体は閉鎖されなかったことなどを論考する。

一　開催までの道のり

1　開催経緯——万国博覧会か内国勧業博覧会か

第五回内国勧業博覧会の出品部門は、以下のような一〇部門に分けられた。第一部農芸及園芸、第二部林業、第三部水産、第四部採鉱及冶金、第五部化学工業、第六部染織工業、第七部製作工業、第八部機械、第九部教育、学術衛生及経済、第一〇部美術及美術工芸である。会場内には農業、林業、水産、工業、機械、教育、通運、動物の各陳列館と、日清戦争後に新たに獲得した台湾からの出品物を展示する台湾館、外国からの出品物を展示する参考館や、第二会場として堺大浜に水族館が建設された。

第五回内国勧業博覧会の内容、開催規模などは、一八九八年十月二十日から十一月四日まで開かれた第三回農商工高等会議で決定された。この会議で第五回内国博の一部を万博として開催するという建議が出されたが、国際的な博

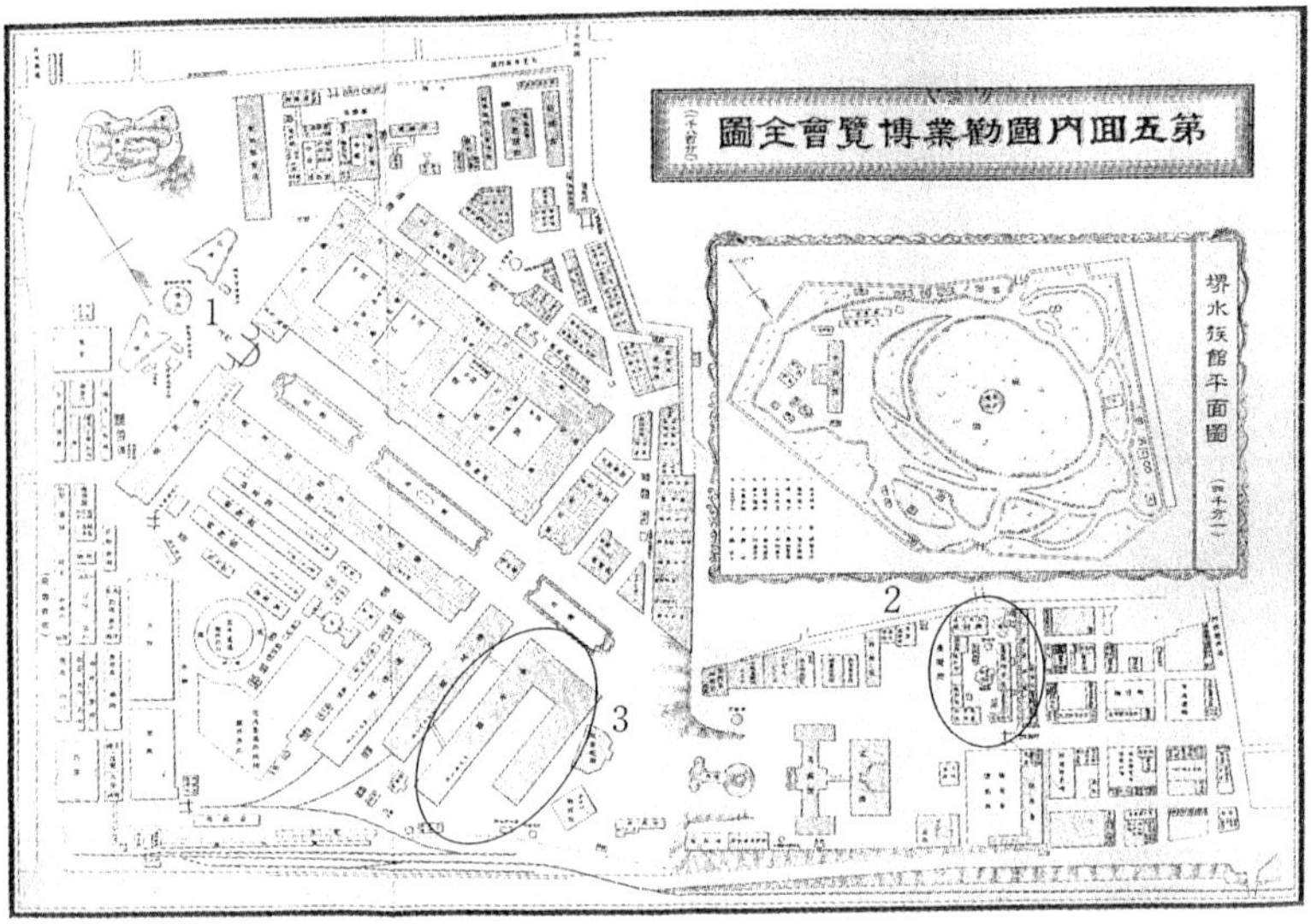

図５　第五回内国勧業博覧会　全体図
１：正門　２：台湾館（拡大図は図７参照）　３：参考館
（出典：『第五回内国勧業博覧会要覧（同編纂所）明治三十六年』）

覧会を開催しようという構想自体は、これが初めてではない。

ウィーン万博副総裁を務めた佐野常民は、一八七三年一月、一八七七年に条約締盟国を招致して博覧会を開催する国際博覧会主催を提言、ウィーン万博から帰国後の一八七五年には、一八七三年の提言の修正案として一八八〇年の開催を意見した。さらに一八八一年七月、三条実美太政大臣に次回予定されている第三回内国勧業博覧会をアジア博覧会とするという内容を建議したが(7)、いずれも採択されなかった。

また、一八八五年六月五日には西郷従道農商務卿が第三回内国勧業博覧会を延期し、一八九〇年に亜細亜大博覧会を開催する旨を建議した。紀元二五五〇年にあたる一八九〇年の祭典の一つとして、亜細亜大博覧会を開催するというのである。西郷の上申は採択され、七月二十七日亜細亜大博覧会組織取調委員が設置された。委員長に佐野常民元老院議長、副委員長に品川弥二郎農商務大輔が任命され、九月以降週一度会議が開かれた(8)。翌一八八六年六月、佐野は伊藤博文首相に「亜細亜大博覧会組織取調委員報告」を提出した(9)。内容は、名称を亜細亜大博覧会、会場を上野公園とし、予算一〇二万七四八五円、会期を一八九〇年四月一日から九月三十日とするというものである。佐野は、参加をアジア諸国に限定した理由として万博開催にはまだ機が熟していないことをあげるとともに、現状ではアジアと隣接しているが未だ運輸の便が十分に開けておらず、この機に物産を一同に会することの裨益を説き、また欧米からの物産も東洋の貿易を増加、富強を催進させるとして貿易館を設置すると付け加えた。会場内の本館には、工芸、学術、教育、軍備を展示し、美術、機械、農業、園芸はそれぞれ別館とし、また動物園と売店の設置などを計画する内容であった。

ただし、亜細亜大博覧会は財政難を理由に開催反対の意見が出される。九月一日、松方正義大蔵大臣は伊藤博文首相に、「外交誼を各国に収め、内民業を内国に振作するは、博覧会に若くなしと雖も、事に緩急あり。漸を以為さゝるへからす。今や本邦外交に軍備に為すへきの事業甚多くして、常に経費の不貲に苦む故に凡百の事業、国力に応して其進歩を進めさるへからす。」と伝えた(10)。緊縮財政をとる松方蔵相にとって、予算一〇二万を超える亜細亜大博覧会は承認できるものではなかった。松方は、亜細亜大博覧会といっても、アジアの中で日本と条約を締結しているのは清国と韓国のみで、ほかは欧米の植民地であるゆえ欧米諸国にも参加を求めることになり経費が多額になることなどを挙げ、規模を縮小して第三回内国勧業博覧会とし、貿易館を設置して、そこでアジアや欧米各国の出品を展示することを提案した。十月八日、伊藤博文首相は、亜細亜大博覧会は「本件は採用し難し」として不採用を吉田清成農相に通達、また一八九〇年に第三回内国勧業博覧会を開設すべく、経費予算などを取り調べるよう大蔵省へ通牒した(11)。その後、十二月二十四日、松方蔵相、山縣有朋農商務大臣の連名で「第三回内国勧業博覧会組織取調の件」が提出される。松方など当時の政府首脳にとっては、紀元祭、諸外国との貿易や交流よりも、国内事業である内国勧業博覧会のほうに開催価値があったのである。

今回は、それ以来の万博開催建議であるが、第三回農商工高等会議で以下のような建議が提出された。

時恰もペルリ提督渡来後第五十年に当り、且該会は戦後始めて開設せらるへき所のものにして、又改正条約実施に就き、欧米各国と対等の地位に立つの日に在るへきか故に其関係の重大なる固より前回の比にあらす。一層其規模を大にし、本邦の地位に適応せしむへきの必要あるを以て、該会中の美術工芸部に限り、特に広く外国の出品を求めて一部万国博覧会の性質を具へしめんとするの議を建つるものあり。(12)

日清戦勝後であり、かつ条約改正が達成されたことにより欧米各国と対等の地位に立ったという認識のもと、内国勧業博覧会ではなく万国博覧会の性質をもつ博覧会を開催すべき国家となったことが建議理由である。内国勧業博覧会は殖産興業政策の一環として始まり、欧米諸国の技術などの伝播と国内産業の奨励がその目的であったが、もはや欧米諸国と対等な国家となり内国博はもはや現在の日本には必要なく、万国博の類の開催がふさわしいという認識である。ただし建議を受けて協議された十月二十八日の第二諮問委員会では、以下のように議決された。

明治三十二年に開設すへき第五回内国勧業博覧会を延期して、明治三十五年に於て開設するは、頗ふる適当なりとす。然れとも、該会中に美術工芸の一部を万国博覧会とし、或は本邦に密接の関係ある近隣の諸国に限り、各部に参同を求むるは可なるか如くなるも、此の如き性質の博覧会を開設するは、既に時期の切迫せるを以て、予期の好果を収むること難からん。依て来る明治三十五年に於ては従前の如き内国勧業博覧会と為し、能ふへくは之に万国貿易品陳列の一部を設け、且此機に際し、万国水産博覧会を開設し、真個の万国博覧会は来る明治四十年を期して開設するを可なりと信す。(13)

次期博覧会開設の時期を一八九九年（明治三十二）から一九〇二年（明治三十五）に延期することは適当であるが、美術工芸部の万博化ないし近隣諸国からの参加という規模での博覧会開催は準備が不十分で良い結果が残せないとし、次期博覧会は内国勧業博覧会ながら諸外国からの貿易品を陳列し、同時に万国水産博覧会を開催すること、そして万博開催は一九〇七年（明治四十）とすることを結論とした。ただし、貿易品の陳列に関しては、日清戦後の貿易拡張政策の一環として当時すでに国内外の見本品の受け入れと陳列、商品見本貸与の企画、生産品の輸出先調査などを実施する商品陳列館が各地に設置されていた(14)。

この第二回議決をうけ、第三読会では第五回内国勧業博覧会を将来の万国博覧会開催を念頭においたものとすること、そのために博覧会の一部を万国博覧会化するということが協議の中心となった。ここでいう「万国博覧会化」とは、諸外国に参加の門戸を開くという意味である。協議の際、招聘する国を近隣のアジアに限定するか、それとも文字どおりの「万国」としてあらゆる国に参加を招聘するかという点と、どの部門（具体的には貿易品、美術工芸品、水産物、農産物）の門戸を開くかが争点となった。また将来的に万博を開くのであれば、開催年を決定するかどうかも協議された。参加国を近隣に限定するか、万国とするかという点について、委員長である村田保が以下のような発言をした。

近隣亜細亜地方と雖も、三十五年迄に多数の物を出すことは出来ぬ、且又斯う云ふ一部のものを開くよりは、願くは、純粋なる世界博覧会を開いたほうが宜からう。それには三十五年では出来ぬから、四十年に至つて万国博覧会を開いた方が宜からう(15)。

中途半端なものよりも、充分な準備ののちに万国博覧会を開くほうがよいという意見である。村田の意見に対して、渡辺洪基委員はアジア博覧会では十分なことはできないとして万国博覧会の開催に同意を示したが、開催を四〇年と決定しないほうがよいと述べた。委員会全体の論調は、参加国を近隣アジア諸国に限定するよりもより多くの国に参

写真２　参考館　正面

加をもとめ、世界に開かれた文字通りの「万国博覧会」を開催することで一致し、最終的に委員会で、「真個の万国博覧会は他日を期して開設するを可なりとす」(16)という渡辺委員の意見が採用された。ただし開催年について具体的な決定はなされなかった。

第二の争点にどの分野を諸外国に開くかがあった。先述の第二議決では貿易品をその対象とし、かつ万国水産博覧会の開催が議決されたが、これは一八八〇年のベルリンで開催された水産博覧会や、その後のロンドンでの同博覧会で日本の水産物の評判が高かったこと、一八九七年に神戸で開催された水産大会で全国の水産業者から第五回内国勧業博覧会での万国水産博覧会開催要求意見が出されたことに起因する。第三読会では貿易品以外に水産物や農産物をその対象とすることが協議されたが、最終的には水産物などというように分野を限定することなく、貿易品陳列館としての設置が過半数で可決され、(17)実際には参考館の名称で会場内に設置された（写真２）。

参考館には、イギリス、ドイツ、アメリカ、フランス、ロシアなど一八カ国が出品し、政府として出品したのはカナダ、清国、韓国、アメリカオレゴン州、ハワイ、オランダ領インド、ブラジルで、それ以外は民間企業からの出品であった。このなかでカナダ政府は独自に特設館を建設した。

またこれら外国からの出品物で「展示のため」に日本に輸入するものについては、関税免除に関する法律が一九〇二年二月二十六日に裁可され[18]、博覧会終了後に販売することが許可された[19]。実際の販売状況については、大阪市が編纂した『第五回内国勧業博覧会報告書』に以下のような報告がある。

海外の賛同出品点数以上の如く九千二百拾一点の多きに達せり。但し非売品の向も少からず。且予め輸入に係る物品もありて、遽に出品の総価格を算出する能はざるは、遺憾なるも、売約の成蹟を見るに、四千〇六拾二点、即ち殆ど半数に達せるの売約を了し、内地の普通一割乃至二割強の成蹟に比し、頗る好結果を呈せり。以て如何に彼等の出品が邦人の嗜好に適したるかを察するに足れり。此内には、皇室御買上の栄を荷ひたる品もあるべく、又内地の商工業者が彼の美を模倣せんが為め、参考用として買ひ取りたりもあるべし[20]。

外国製品は日本製品に比べて売上の成績が良く、また「今回の博覧会に於て其盛大を致したる一源因[21]」と農商務省編『事務報告』で述べられているように、諸外国からの参加それ自体が博覧会の呼び物となった。

このように、将来の万博開催として計画されながら参考館を内包することで内国勧業博覧会での開催となった。将来の万博開催を視野にいれ、万博の持つ国際性という面から参考館の設置となったわけだが、第五回内国博は、台湾館や人類館という当時の万国博覧会にはかかせない要素となっていた植民地展示も内包していた。これらがどのような経緯で設置されたかなどの詳細は後述する。

2　天皇行幸――開会式と観艦式

一九〇三年四月二十日、第五回内国勧業博の開会式が、天皇や博覧会総裁の閑院宮載仁親王の出席のもと挙行された。開会式へは、元老の伊藤博文をはじめ桂太郎首相、芳川顕正逓信大臣、清浦奎吾司法大臣、小村寿太郎外務大臣、第四師団長小川又次らや、一三カ国の公使（ベルギー、フランス、スペイン、イギリス、ドイツ、イタリア、清、オランダ、タイ、韓国、ロシア、オーストリア、アメリカ）らが参加した。

開会式の翌日の四月二十一日、京都の山縣有朋の無隣庵に伊藤博文、桂太郎、小村寿太郎が集まり、対露方針が協議された。その内容は、満韓問題は不可分の問題であり、日本に有利な満韓交換（満州におけるロシアの権利を制限）で取り組むという方針であった。このような対露方針になったのは、ロシアがこの年の四月八日の第二期撤兵を守らず、逆に七カ条の条件を清国に提出したことが日本に伝わったことに由来する。(22)対露方針の協議が京都でおこなわれたのは、開会式出席のため、天皇以下政府首脳、元老らが大阪に移動していたためであった。

開会式の直前である同年四月十日、天皇、内閣の主要閣僚以下出席のもと神戸沖で海軍大演習観艦式が挙行された。(23)観艦式に参加した軍艦は総勢四一隻にのぼり、それらが洋上二海里にわたり四列に並んだ。天皇、皇族、各大臣などが巡洋艦浅間に乗船し港内で演習に臨み、浅間の周囲を巡洋艦宮古ら六隻が囲んだ。日本以外には、イギリス、ドイツ、ロシア、イタリア、フランスの五カ国の軍艦が列外にあって参加した。観艦式終了後、天皇はイギリス東洋艦隊司令長官、ドイツ東洋艦隊司令官、ロシア、イタリア、フランス各国の軍艦艦長らと面会した。

観艦式は、一八六八年の天保山沖での観兵式以来四回目であるが、それまでのものと比べて盛大であり、この神戸沖での観艦式以降、その名称が定着した。その時の様子を『太陽』は、以下のように伝えている。

四月十一日を以て、神戸沖に挙行せらるべき大観艦式は、我が邦海軍ありて以来の盛事にして、大元帥陛下親しく行幸あり、桂首相、田中宮相、山本海相、伊東統監、井上司令長官、柴山審判官以下、各係官並に陪観の内外貴紳一千余名を御召艦に召させられ大宴会の御催しある由也。(24)

観艦式を見物する人々の様子を、以下のように伝えている。

観艦式の拝覧は、一般衆庶之を同うするを得、別に手数も手続をも要せず、附近の沿岸若くば、船舶に於て之を見得べしとのこと也。当日は大阪河口及神戸港より、幾十艘の商船艤装して、観客を満載し、近距離より拝観するの準備、一も完からざるなしと云。斯る大観艦式なれば海軍の全艦隊を茲に集中排列することとて、其偉観は固より未だ曾て之れあらざりし所なるべく（以下略）(25)

見学に対しての規制はなく、陸地のみならず水上にも見物客がいたことがわかる。さらに記事は観艦式終了後の様子を以下のように報じている。

若し夫れ観艦式終って、艦内の拝観を許す如きは、亦皆其便宜を計るの設備至らざるなしといふ。殊に夜間のイルミネーションの如きは、我邦海軍ありて以来の偉観にして、十六燭の電燈、暗中に諸艦の艦体檣桁等を現出せしむる如き、其一大壮観なることは言ふまでもなし。大凡そ八九百個の電燈を一艦に点光し、其外カラード、サーチライトと称し、探海燈の光線を各色に染めたる者を使用して、夜中の海上に諸種の色附ける光線を幻出せしめ、荘厳華麗殆んど言語に絶すといへり。(26)

観艦式終了後には人々に艦内への見学が許され、さらに軍艦にイルミネーションがほどこされた。観艦式での軍事パレードの後、軍艦を高度な技術力を持つ展示品のように装飾して人々に開放することで、高度な軍事力を持っていることを技術の娯楽性を利用してアピールしたのである。

観艦式にはロシアを含む各国公使が参加し、一般の観客にも開放されたが、これは海軍大臣山本権兵衛を中心した海軍拡張政策のアピールであり、八日であった第二次撤兵期限をロシアが守らなかったことをふまえ、対ロシアへの軍事的対応が視界に入るなかでの日本海軍の軍事力の提示であった。

なお天皇はしばらく京都御所に滞在し、二十日の開会式出席以降はほぼ一日おきに内博を視察し（天皇視察の翌日は皇后が同じ場所を視察）、五月十二日の貴族院での第十八議会開院式に出席のため、五月十日に帰京した。

二　台湾館

第五回内国勧業博覧会の博覧会規則および事務官制は、一九〇一年四月十八日農商務省告示第四一号「第五回内国勧業博覧会規則」で公布された。この博覧会の出品部門は第一章第二條で定められた以下一〇部門である。第一部農業及園芸、第二部林業、第三部水産、第四部採鉱及冶金、第五部化学工業、第六部染織工業、第七部製作工業、第八部機械、第九部教育・学術・衛生及経済、第一〇部美術及美術工芸の一〇部門であった。ついで第三條では、出品物の展示を農林館（第一部、第二部）、水産館（第三部）、工業館（第四部、第七部）機械館（第八部）、教育館（第九部）、美術館（第十部）、動物館、水族館の八館と、参考品については参考館を設置することが定められた。[27]この時点での規則中に台湾館の設置についての記述はない。[28]

一九〇二年十月十四日、農商務省告示第一八五号をもって、台湾館の設置が追加された。一九〇一年公布の「第五回内国勧業博覧会規則」に台湾館が掲載されていないのは、台湾総督府が、台湾の様子を広く知らしめようと台湾館の設置を計画したものの経費不足により中止となり、台湾からの出品物は他の府県と同じように陳列館のなかで展示されることとなっていた。

台湾からの出品については、他の府県からの出品規定と同一の扱いであったが、翌一九〇二年三月二十八日（官報四月十七日）の台湾総督府告示第三二号で、「第五回内国勧業博覧会台湾出品人心得」として公布された。[29]台湾からの出品人規則があらためて布告されたのは、台湾への法令の布告は一八九六年三月に制定、四月に公布された法令六三号（いわゆる六三法）により、台湾総督の名による法の公布が必要であったからである。

しかし、台湾総督府は、その後も台湾館ないし喫茶店の建築を画策していた。台湾館設置までの経緯は、『台湾協会会報』に掲載されている。なお台湾協会とは一八九八年四月、台湾に官吏として滞在した人たちを中心に設立された団体で、台湾の開発、商業の発達、移住、事業などでの便宜、台湾語、日本語の教育を目的として設立された。(30) 協会の主な活動のひとつに、台湾の事情を日本に紹介する『台湾協会会報』の発行があった。(31) 『台湾協会会報』四〇号（一九〇二年一月）の、「第五回博覧会と台湾」という記事に、台湾館設置計画について書かれている。

明年の第五回博覧会は、台湾が我新版図に入りて以来初めての博覧会にして、台湾を内地に紹介するには唯一の好時期なればとて、総督府にては台湾館なる一棟を同会場内に特置し、台湾に関する出品参考品等は一括して此館に陳列し、大に新版図の事物を内地人に知らしめんとの計画ありしも、此計画は不幸にして経費不足の見込により消滅すること、なり。（中略）近頃当局者の方面にては、彼の台湾館建築のことは中止したるも、台湾出品のためには、是非とも特別の場所と建物とを設けん覚悟にて、既に之が設計をなし、其費目の如き現に来年度の予算に編入して今期の議会に提出しあれば、議会が新版図の経営開発に付て冷淡ならざる限りは遠からずして可決通過の報に接すべく、左すれば直に該建物の建築出品の準備に着手すべき見込みなり。(32)

台湾総督府による台湾館設置計画は経費不足によりその計画が消滅したが、当局者のあいだで再度協議中であり、予算を計上し議会に提出すれば、議会も台湾経営開発にたいして冷淡ではないので可決する可能性があるのではないかという見解が述べられている。事実、台湾総督府は明治三十五年度予算で内国勧業博覧会を利用して台湾の真相を世の中に紹介するとして約七万円を要求、結果的には出品運搬費、委員派遣費、調査費などにあてるものとして二万円がみとめられた。二万円の予算ということで、台湾にある官有の家屋を移築すれば運搬費のみで可能となるという方向で協議され、[33]一九〇二年十月十四日農商務省告示第一八五号で台湾館の設置が追加された。予算が削られても、移築などの工夫により台湾館を建設するという意気込みが伺える。

台湾館を設置するという発想は、一九〇〇年パリ万国博覧会の植民地館がモデルだと推測される。というのも『台湾協会会報』三一号（一九〇一年四月）と、三二号（同年五月）[34]に、一九〇一年三月三十日に行われた人見一太郎[35]の「巴里万国博覧会に於ける各国殖民地の設計に就て」という講演が掲載されている。パリ万国博覧会における各国の植民地館の様子を述べる人見の講演を会報に掲載していることから、台湾協会が万博における植民地館のありように着目していたことがうかがえる。

台湾館の設置目的については、『台湾協会会報』の「第五回内国勧業博覧会の利用」という論説に以下のような記述がある。

新地拓殖の要件は自他の気脈を疎通するに在り、即ち内地の有力者をして新地経綸の容易ならざる事、風俗慣習はいふに及ばず気候、地質、物産、其他工業、貿易天然人事の秘密に至るまで、之を知悉せしめ以て母国々民の責務を適当に尽さしむると同時に、新地の憐むべき人民をして母国の今日に至りし所以、現今及び将来の地位を知らしめ、進んで母国に対する無限の洪恩に報ふる所以をも知悉せしむるに在り。（中略）幸に来る明治三十六年を期し、博覧会を大阪に開設し、殊に台湾館特設の挙あるに逢ふ、この好機決して逸すべきにあらず。必ず大に自他の事情を疎通し、以て新地経綸の一大目的を達せざるべからず。[36]

新地経営は困難であるがゆえに、その様相を内地の人々に知らせる必要があり、第五回博覧会をその好機と捉えている。また台湾館の設立については『事務報告』に、「台湾総督府は当初より一台規模の特別館を建設し以て此目的を達せんとの考案なりしも、頗る其経費に苦むを以て数回交渉の結果、本局は約三千円を支出」[37]ともある。つまり台湾館は、博覧会事務局ではなく、台湾総督府が台湾にかんする実情を知らしめる方法としてその設置を要求し実現したのであった。

台湾館は、会場内の美術館の東北に位置し（図5）、敷地総面積は一四〇三坪余であった。敷地内には出品物を展示する台湾館のほか、庭園、売店、飲食店が設置された。建築費については、博覧会事務局が約三〇〇〇円、その他を台湾総督府が支払った。[38]建物は篤慶堂に模した「支那風の宮殿」で、全面中央に重層の楼門、左右に翼廊があり、その南に篤慶堂が台湾から移築された。（写真3・図6）

篤慶堂とは、日清戦争のさいに北白川宮能久親王が休息所として使用した建物である。『事務報告』に、「明治二十七八年の役、領有の当時我か南進軍の幕営に充てられたる戦勝の一紀念物たり。爾来官有物として保存せられしか、今回の設備に際して、之を台湾協会大阪支部に売下け、次に此処に移築せしめたるものなりと云ふ。」[39]とある。『第五回内国勧業博覧会要覧』によると、「故北白川宮殿下が、金枝玉葉の御身を以て、畏くも征台の役に臨み給ひし時、御休憩所に充てさせられし建物なり。覚へす人をして殿下の高勲を仰ぎ偉蹟を景せしむ。今や新領土の鎮護に立たせ給ふの台湾神社は、台北を距る約里余円山公園より、劔潭河を隔てたる丘上にあり。」[40]とある。具体性をもつ場所や人名、日時を組み込んで語られる出来事を通して日本と台湾のつながりを自覚させるという意味で、篤慶堂は日清戦争とその後の台湾の植民地化を象徴する人物である北白川宮につながるものである。[41]文中の台湾神社とは、台湾統治のシンボルとして創建された神社であり、台湾で死去した北白川宮が、いわゆる開拓三神（大国魂命、大己貴命、少彦名命）とともに台湾神社の祭神とされた。

台湾館内では、台湾領有までの過程や、北白川宮の足跡、功績などについての展示された。解説は特になく、現時

写真３　台湾館（出典：『第五回内国勧業博覧会事務報告上巻』）

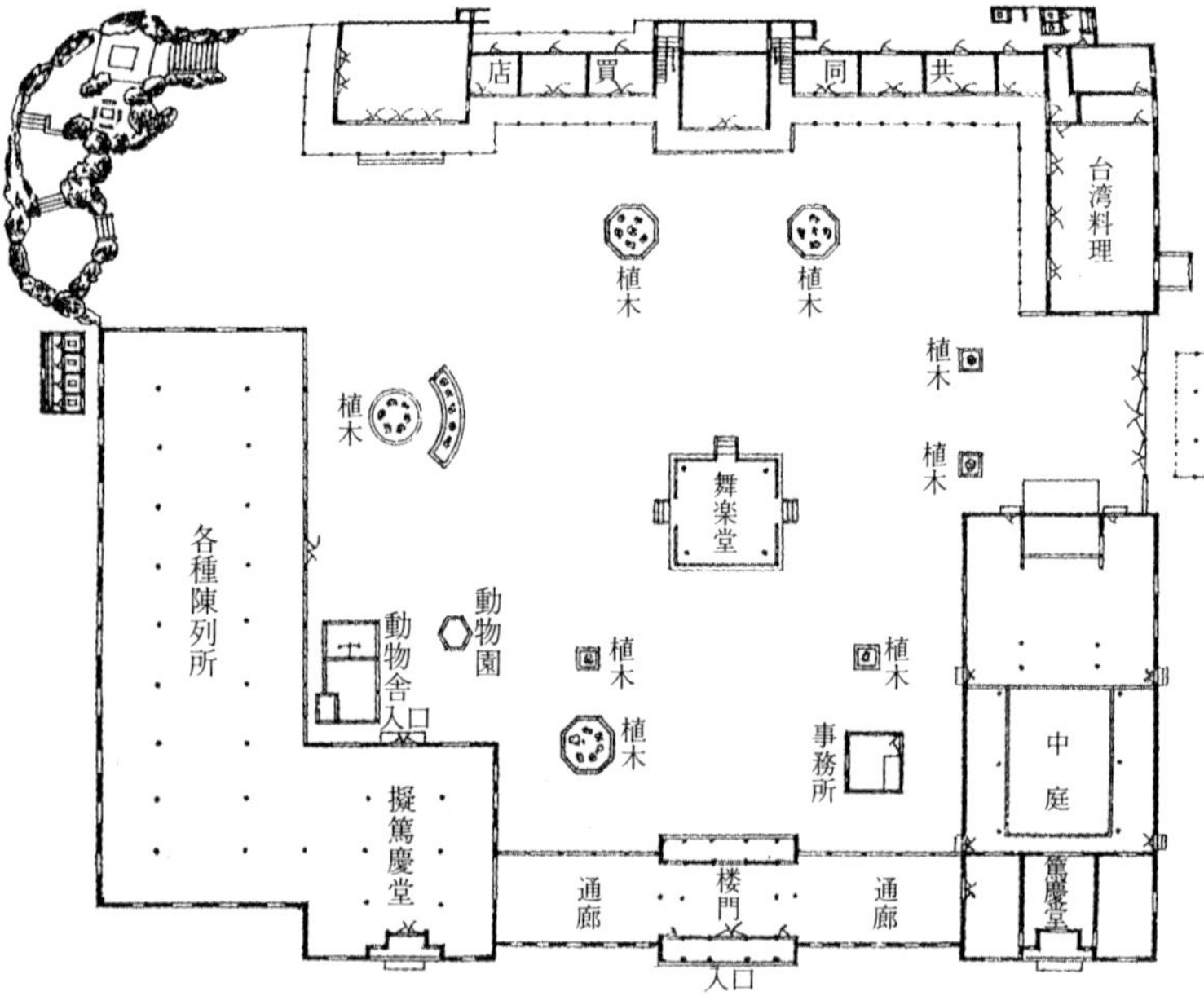

図６　台湾館　平面図（出典：『第五回内国勧業博覧会事務報告上巻』）

点で領有しているという帰着点からの台湾に関する現状説明がなされただけであったが、篤慶堂それ自体が、日本が台湾の植民地化を成し得たという両者の関係を意識させるものであった。

台湾館内の出品物は、官庁（台湾総督府）出品と民間人の出品の二つに大別される。官庁出品については博覧会の区分同様、農業及園芸、林業、水産、鉱物及土石、工業、交通、衛生、教育、動物などのほか、台湾からの移入品であった樟脳や、台湾の地形図、行政機関の一覧表、民族分布図、言語一覧、人口表のほか、気象、度量衡、地理、歴史、人々の写真、表、標本などが展示された。

他方民間人からの出品物は当博覧会の分類とは別に、農産、林産、水産、工業の四部門に区分され、その点数は農産二三三八点、林産二三一点、水産二二五点、工業一二三八点で、出品人員は三〇三七人であった。(42)

内国勧業博覧会における出品物の陳列区分は、第四回までは大部分が府県別の区分が製品の区分より優先された。(43)これまでの内国博は殖産興業という国家目標の下で挙行されていたため、おのずと府県間の技術競争がその目的の一つであったからである。しかし今回は第五回内国勧業博覧会規則第一章第四條に「各館の出品は、部別又は類別の下に府県別を用いて陳列す。但し機械館、通運館、台湾館及水族館の出品は此の限に在らず。(44)」とあるように、機械館、通運館、台湾館、水族館以外では製品の部別ないし類別を区分の基軸の第一とし、そのもとで府県別に陳列されることとなった。

台湾館の設置が決定されるまでは、台湾からの出品物も他の府県同様、各陳列館に部門別に展示されることとなっていたが、台湾館の設置が決定したため、台湾からの出品物は台湾館内にすべて集結されることとなった。つまり台湾館設置により、台湾以外の日本国内の出品物と台湾からの出品物とが区別されて展示されることとなった。この結果、内国博覧会会場全体からみれば、日本と台湾との関係が、帝国―植民地という対比関係として描かれることとなった。

台湾館の建物は台湾総督府の予算等の関係上、新しいものではなく現地の建物を移築することとなったが、それゆえ『事務報告』に「会場中最も異彩奇観を呈せり」(45)とあるように会場内で特質すべき存在となった。『第五回内国勧業博覧会要覧』に台湾館について以下の記述がある。

美術館の東隅に方り、阿部野門より通路に接して五彩を放てる一館あり。之れ我新領土の産物を陳列せる台湾館なりとす。台湾か我版図に編入せられて以来既に十年に垂んとし、而して尚ほ我国人にして台湾を知るものは甚だ少なく、国民国家的観念未だ台湾を包括するに至らざるの憾あり。乃ち今回特に此館を設置し、彼地の製産品を一堂に蒐め、一は以て彼地の事情を知らしめ、一は以て台湾に対する国民の観念を濃かならしめんとするに至りたるなり。(46)

人々の中には台湾の土地、人民とともに日本の領地であるという観念が十分に浸透していないと述べている。

もちろんこれらの見方は、政府や主催者の報告書にかかれたものであり、受け手である観客がどのように受け止めたかという問題がある。受け手との間にはある種のずれの可能性が存在し、また博覧会以外での読み方を提示する回路—たとえば当時の新聞、雑誌、教科書など—も存在する。(47)しかし会場内での台湾館の存在は、他の陳列館などとは異なる性質を持ち、その建物の外観からも特異な存在であった。そして特異ではあり、まだ認知度も低いがゆえに「国民国家的観念未だ台湾を包括するに至らざる」が、その観念を国民の中に浸透させようというのが台湾館設置の目的であった。

三　人類館

人類館[48]は会場外に設置されており、博覧会協会が設置した公式の展示館ではない。ただし会場正門に対面する位置にあり、またその様相が前掲『第五回内国勧業博覧会要覧』の「第三章出品其他の要項」中に「場内外の雑観」として収録されていることから、主催者側も観客も博覧会の一部を構成するものという認識をもっていたことが伺える。人類館は内国勧業博開幕の十日後の三月十日に開館し、館内では、アイヌ、台湾、朝鮮半島、清国、インド、ジャワ、トルコ（バルガリー）の人を、それぞれの地域に似せて作られたり、写真が掲示された一画に居住させ、各々の日常生活を訪れる人々に展示することがおこなわれた。[49]

人類館の設置経緯であるが、『東京人類学雑誌』二〇三号に設立の背景と一九〇三年一月十四日付きの設立趣意書が掲載されている。なおこの雑誌は、一八八四年に設立された人類学会の機関紙である。

人類館　第五回内国勧業博覧会を機として人類館と云ふものを設置せんとの議、大阪地方有志者間に起たり。協賛会に於ても其費用を補助する事と成りし趣なるが、今回同館発起者より坪井理科大学教授の許へ、事業賛成標本出品の件を依頼し来りしと云ふ。開会時期切迫の事にも有り、且つは設計中に解し兼ぬる点も有るとかにて、教授の此企てに対する関係は未た詳ならず。早くより相談の無かりしは如何にも残念の事なり。右開設の趣意書は次の通り。

人類館開設趣意書

第五回内国勧業博覧会の余興として、各国異種の人類を招聘聚集して、其生息の階級、程度、人情、風俗、等各固有の状体を示すは、人類生息に付学術上、商業上、工業上の参考に於て最も有要なるものにして、博覧会に欠く可らさる設備なる可し。然して文明各国の博覧会を観察するに、人類館の設備あらざるはなし。之れ至当の事と信す。然るに今回の博覧会は万国大博覧会之準備会とも称す可き、我国未曾有の博覧会なるにも拘わらす、公私共に人類館の設備を欠くは我輩等の甚遺憾とする所なり。爰に於て有志の者相謀り、内地に最近の異種人即ち北海道アイヌ、台湾の生蕃、琉球、朝鮮、支那、印度、爪哇、等の七種の土人を傭聘し、其の最も固有なる生息の階級、程度、人情、風俗、等を示すことを目的とし、各国の異なる住居所の模形、装束、器具、動作、遊戯、人類、等を観覧せしむる所以なり。

明治三十六年一月十四日(50)

これによると大阪地方の有志の間で人類館というものを設置する動きがあり、協賛会もその費用を補助することとなり、人類学者である理科大学教授の坪井正五郎に事業の支援と標本の出品を依頼したとある。協賛会とは、内国博では各府県が諸般の施設を設置し、出品したが、それらの事務を取り扱うために作られた組織である。坪井は、日本の人類学創設の中心人物で(51)、一九〇〇年パリ万国博日本政府出品の人類学監修の担当者であった(52)。

坪井はこの案に賛成、参考品数十点を貸与し、人種大地図を製作し陳列することを提案した。人種大地図とは世界から五〇カ所の人種をえらび、男女とりまぜたおよそ一〇〇体を切り抜き人形として図上にたてる趣向の地図である。

人類館展示の中心となった坪井は、一八八九年パリ万国博覧会を視察しており、『東京人類学雑誌』に「パリー通信」としてその報告が掲載された(53)。坪井の見た一八八九年パリ万国博覧会は、「フランスで大規模に植民地の展示が行われた最初の博覧会(54)」と評される博覧会である。会場内には植民地集落が再現され、展示されるべく現地の人々が連れてこられ、この博覧会はその後欧米で催される博覧会における植民地展示に多大な影響を与えた。

人類館の展示については、開館前に清国から、展示開始後は大韓帝国、琉球からそれぞれの展示を中止せよとの抗議文があった。清国人の展示については、清国からの留学生が神戸の領事館に抗議文を提出した。(55) また当時の在清公使内田康哉は、展示の存在が「清国上下一般に悪感情を抱かしめ候」ことになっては、「万般の事業に影響を来たし候事、決して栄の為たるものに無之と存候事」と述べ、陳列を見合わせるようとの電信を小村寿太郎外務大臣に送った。(56) 韓国人の展示については、韓国人趙義淵ほか二名が大阪府警察部長宛てに抗議を行い、その内容が一九〇三年三月十九日の『大阪朝日新聞』に「人類館と韓客」として掲載された。内容は、韓国女性が展示されていることへの抗議である。「交隣の道にもとづけば、これは人の道にもとるのではないだろうか。(中略) われわれは東洋三国同種同文の義にある。それにもかかわらず、ただわが韓国の女性だけが展示されているのは、悪い感情を抱く。」というものである。展示は三月末までに中止されることが決定した。(57)

このような抗議に対し、まず外務省が第五回内国勧業博覧会事務局長である安廣伴一郎に対して、駐在清国公使から「支那風俗として、支那人の亜片を喫し、及同婦人の纏足せる状態を為さしめ、一般来観者に縦覧せしむるの計画を為すもの有之由伝聞致候処、右は、事実とすれは支那風俗中具も嫌悪すへき状態を示せるものにして、支那人に取りては、侮蔑を蒙りたるの感を惹起候」(58)との報告があったとして、計画の差止めを依頼した。安廣事務局長は珍田捨己外務省総務長官に、この件は場外の取締りに関する問題であるから大阪府知事の担当であるという返答をした。(59) 安廣事務局長から移牒をうけた高崎親章大阪府知事は珍田外務省総務長官に対し、「清国人を観覧に供することを論止せしめ候」(60)と回答した。

こののち三月十九日小村寿太郎外相が高崎大阪府知事に、「人類館より清韓両国人を除去せしむべき旨内訓」を発した。(61)

右清国人展列の報一たび清国に伝はるや、同国官辺の痛心は申すに及はす、一般の民衆に於ても、頗る憤満の情を呈し、言論社界には右様の羞辱を蒙る以上は、断して博覧会観覧に赴くなかれとの説を鼓吹するものあるによ り候。此始末にて遂に本邦駐箚清国公使より、其本国政府の訓諭に依り清人撤去の義を懇請し来りたる次第に有之、又韓国公使よりも累次同様の内請有之候。申す迄も無之候へ共、今回の博覧会開設に関しては、将来清韓方面に於ける我商利進捗の一助として、政府に於ても各般の便宜を授供して懇篤に両国官民の来観を促かし、就中清国に於ては要路の官僚に於ても熱心に我の勧誘に応し、或は委員を派し或は商紳を説き陸続観覧者の来観を見んとする今日、此事の為先方の意向を冷却阻碍するに至りては、政府初思の一端を水泡に帰せしむるに至るべきは勿論、這般の些事の為め帝国に於て年来悉助長し来りたる彼我官民間の好情を損傷せしむるが如きは、最も好ましからさる義に有之候に付、此辺御服膺の上、人類館業者に対し、厳重説諭を加へ、断然清韓両国人を除去せしむる様御取計相成度、此段及内訓候也

小村外相は清国、韓国との将来の交易に役立ちうると博覧会を捉えている。実際に幕末開港から日露戦争前の対外貿易における主要相手国の変化については、輸出入においてヨーロッパ比重が減少し、輸出における中国・香港の割合の上昇、輸入における合衆国・英領インドの割合の上昇という傾向があった(62)。とりわけ開催地である大阪の貿易状況は、一八九八年ではその輸出入においては韓国が第一位をしめ、輸出においては全輸出額の九割以上をしめていた。主要輸出品は綿織物、綿布であり、主要輸入品は、米、大豆であった(63)。

この内訓を受け、高崎大阪府知事は三月二十四日に小村外相にあてて、以下の回答をした。

清国人に係ることは、同館に於て観覧せしめんとしたる同国人渡来前、同国留学生等に於て物議有之様にて、神戸駐在の領事より申出の次第も有之候に付、其興行許可に先ち、当業者に諭旨し除去せしめたるに依り、同国人

を観覧せしめたること無之、韓国人其他を観覧せしむることは、公安及風俗上何等支障なく、殊に韓国人は実際に於て同国人か之を観覧するに豪も厭ふへき点無之ものと相認候処、国際上自然制限を加ふる必要あること可有之と予期し、相当条件を付し許可し置きたる次第に付、韓国人は該条件に依り除去せしむることに取計候条、此段及報告候也(64)

小村外相の内訓では、清国公使だけでなく韓国公使(当時は林権助)からも抗議があったことを展示中止の要因として挙げている。一方内訓を受けた高崎府知事は、清国に関しては抗議があったことを業者に展示中止を命じる理由としてあげているが、韓国に関しては「国際上自然制限」を加えたほうがよいからとしており、抗議の存在を明示しなかった。

なお清国人の展示については、『中外新報』に「日本通信」としてその様子が掲載されたため、それへの対処が必要であった。そこで小村外相は三月二十一日、小田切万寿之助在上海総領事に、「日本通信として当地中外日報紙上に掲けられ、一般の公衆為めに頗る激昂致居候様聞及候。(中略)右の始末は中外新報紙上に改て掲載為致候様御取計被成度候。」というように、『中外新報』で展示の中止を『中外新報』に掲載するよう指示した(65)。さらに四月四日、在清公使と天津、芝罘、厦門、蘇州、福州、杭州、沙布、漢口、香港、重慶の各領事館宛てにも同内容を指示した(66)。これらの後、人類館での清国人、韓国人の展示は中止された。

沖縄では、四月七日以降に新聞紙上(『琉球新報』)で「琉球人」展示に対して非難の主張がくりひろげられた(67)。抗議内容は、「他府県に於ける異様の風俗を展陳せずして特に台湾の生蕃北海のアイヌ等と共に本県人を撰みたるは是れ我を生蕃アイヌ視したるものなり。我に対するの侮辱豈これより大なるものあらんや(68)」という。こののち五月七日に「琉球人」の展示とりやめが決定した。

このように、清国、大韓帝国、琉球からの抗議を受けて展示が中止されたが、人類館自体はそのまま存続された。展示への抗議があればそれを受けて展示を中止するといったことが繰り返されたわけだが、これは人類館設置が、展示をした人の国々からの抗議予測や、そのうえでも続けるための対応策、それを支える確固たる信念などのもとに計画、準備、検討されたわけではないからであろう。ただし抗議を受け、展示差止めののちも人類館自体を閉鎖する命令がだされず、また主催者も閉鎖するという判断をしなかったことには、いかなる背景があったのであろうか。

くり返し引用するならば、人類館設立趣意書中に、「文明各国の博覧会を観察するに人類館の設備あらざるはなし。之れ至当の事と信す。然るに今回の博覧会は万国大博覧会之準備会とも称す可き我国未曾有の博覧会なるにも拘わらず、公私共に人類館の設備を欠くは我輩等の甚遺憾とする所なり。[69]」とある。つまりこの博覧会が将来の万国博覧会の開催を視野に入れつつ開催されているゆえに、人類館は欠くことが出来ない存在と考えられ設置が計画されたのである。それゆえ展示の一部が差し止められたとしても、人類館自身を閉鎖するという判断はなされなかったのであろう。おそらく政府もまたこのような趣意のもとに設立されているゆえ、人類館の閉鎖ということを命じなかったのであろう。第五回内国博覧会が将来の万国博覧会開催を念頭において開催されていたからこそ、人類館は清国、韓国、琉球の人々の展示を差し止めつつも、アイヌ、インド、ジャワ、トルコなどの人々の展示は継続され、閉館されることはなかった。十勝の首長ホテネこと伏根安太郎らは、勧誘されたときに「土人学校」の資金集めという目的での参加とし、館内でも「土人学校」設立に関する手続きや希望について演説していたことが指摘されているが[70]、アイヌの人々を含めて、そのほかの人々も現実にどのような待遇を受けていたかはわからない。また、インド、ジャワ、トルコなどの人々の展示については、当時それらの国の人々が展示を直接見ることがなかったから、抗議がこなかったのかもしれないし、本当に現地から人々をつれてきたのかも今のところわからない。坪井正五郎と人類学会の関与はわかっているものの、実際にどのような人物が企画、経営したのか詳細はわからないが、その人物ないし企業の経営論理として、閉館に抵抗したのかもしれない。閉館されなかった理由は、さまざまな要因が考えられるが、展示の一部が差し止められても、人類館は会期中続けられたのであった。

おわりに

以上のように第五回内国勧業博覧会は、計画段階で一部ではあるが万博としての開催が協議され、実際には将来の万博開催にむけて、外国からの出品を展示する参考館が設置され、また台湾館や人類館など、当時万国博覧会がもっていた要素である植民地展示、人類学的展示を有する内国勧業博覧会であった。

開催計画段階では、日清戦争での勝利や条約改正の達成を機に欧米諸国と対等な国家となったという認識のもと、内国勧業博覧会はもはや不必要と判断して万博の開催を模索した。ただし、実質的な協議の中で時期尚早であると判断され、期日を限定しない将来目標として万博開催が決定されるにとどまり、会場内に参考館という名称のもと、諸外国製品が文字どおり参考品として陳列された。

開会式の日とロシアの第二次撤兵期限が近く、開会式前には開会式参加のために大阪に集合した天皇や政府首脳が参加して神戸沖で大演習観艦式のような軍事式典が行われるなど、富国強兵を具現化した様相をもつ博覧会でもあった。

植民地館である台湾館と人類館は、欧米の開催国が当時有していた帝国主義的価値観による館である。それらが建設されたという結果から見ると、第五回内国博を主導する農商務省および日本政府が、欧米同様の価値基準を無批判に導入し、それを国内および近隣地域に投射したように見える。ただし、台湾館は当初予算の都合上設置が見送られたにもかかわらず、台湾経営の当事者たる台湾総督府の度重なる要請と、低予算への建築の移築による対処により設置されたものであった。その背景には、台湾経営に対する国内での関心を高めたい、認識を広めたいという台湾経営関係者の欲求があった。

人類館の展示をめぐっては、当時の欧米が持つ植民地、東洋への視線、価値観を無批判に導入して設置されたものの、清国、韓国、琉球からの抗議ののちに各々の展示を中止したという一連の経緯からわかるように、明治政府には当時の万国博覧会に存在したような帝国主義的な視座が一枚岩的に存在したわけではなかった。

その後の政府主催の博覧会であるが、内国勧業博覧会については、この第五回が結果的に最後のものとなった。第五章で詳細は述べるが、第六回内国勧業博覧会の延期が一九〇五年十二月に決定し[71]、その後開催されなかったからである。第六回博覧会の延期理由は、日露戦争の戦勝記念としての万国博覧会を開催することが協議され、「日本大博覧会」の名称で一九一一年に万国博覧会の開催が決定されたことであった。つまり万国博覧会の開催に対するあこがれを現実のものとするのは、日露戦争の勝利の後のことであった。

註

（1）　第五回内国勧業博覧会についてのこれまでの研究には、前掲清川雪彦「殖産興業政策としての博覧会・共進会の意義―その普及促進機能の評価―」（『経済研究』三九―四）がある。内国博と地方との関係からの研究に、永橋為介「第五回内国勧業博覧会の敷地設定におけるスラムクリアランスへの影響」（『ランドスケープ研究』五八（五）、一九九五年）、村川友彦「明治期の博覧会と近代日本―第五回内国勧業博覧会と福島県勧業政策―」（『東北学院大学東北文化研究所紀要』二九、一九九七年）芳井敬郎「第五回内国勧業博覧会における「陳列」の諸問題―博覧会事務局に対する奈良県の動向を中心として―」（『國學院大學博物館学紀要』六、一九八一年）、同「第五回内国勧業博のディスプレー」（前掲吉田光邦編『万国博覧会の研究』）がある。これらはいずれも内国博覧会の目的が殖産興業、在来産業の育成であったという点からの研究である。また、本稿で扱う台湾館、人類館での展示およびそれをめぐる反応についての研究には、松田京子『帝国の視線―博覧会と異文化表象』（吉川弘文館、二〇〇三年）がある。これは他者表象のあり方を「知」と権力の相関関係という視点から考察したものである。

（2）前掲吉見俊哉『博覧会の政治学』一四六頁

（3）同右

（4）第五回内国勧業博覧会と娯楽施設についての研究に、竹村民郎「第五回内国勧業博覧会開催期におけるレジャー革命―大阪毎日新聞社、南海鉄道による浜寺海水浴場創設と関連して―」（『大阪産業大学論集社会科学編』七三、一九八九年）がある。

（5）前掲國雄行『博覧会の時代』（一六三―二〇二頁）で、余興目当てに入場した客がかなりの数にのぼったことを入場料より算出し、開催地である大阪市などが中心となって入場者数回復策として実施した余興が主役の座を脅かす存在となったことを指摘している。

（6）演習については、故山本海軍大将伝記編纂会編『伯爵山本権兵衛伝上』（原書房、一九六八年）五二七―五三五頁を参照のこと。

（7）国立公文書館蔵『公文録』明治十四年「副総裁佐野常民建白亜細亜博覧会開設の件」（請求番号01-2A-010-00公03138100）

（8）藤原正人編『明治前期産業発達史資料別冊十七（一）』（明治文献資料刊行会、一九六六年）二三二、二三三頁

（9）国立公文書館蔵『公文類聚』第十編明治十九年第三十六巻「亜細亜大博覧会開設を停め二十三年に於て第三回内国勧業博覧会を開設し農商務省に令して組織方法を調査せしむ」（請求番号01-2A-011-00類00282100）

（10）同右

（11）同右

（12）『第三回農商工高等会議議事速記録（Ⅰ）』（藤原正人編『明治前期産業発達史資料補巻二九明治三十一年』（明治文献資料刊行会、一九七三年））二六頁

（13）『第三回農商工高等会議速記録（Ⅲ）』（藤原正人編『明治前期産業発達史資料補巻三十一』（明治文献資料刊行会、一九七三年））五二二頁

（14）角山幸洋「商品陳列所について」（前掲角山栄編『日本領事報告の研究』）一六四、一六五頁

（15）前掲『第三回農商工高等会議速記録（Ⅲ）』五二一―五二三頁

（16）同右五二五頁

(17) 同右五一九―五三一頁
(18) 「第五回内国勧業博覧会参考館へ陳列のため輸入する貨物関税免除の件」（一九〇二年二月二十六日法律第十号）内閣官報局編『法令全書』第三十五巻―一（原書房、一九八三年）九頁
(19) 「第五回内国勧業博覧会参考館規則」（一九〇一年十月十八日告示農商務省一三九号内閣官報局編『法令全書』第三十四巻―九（原書房、一九八四年）一二四九―一二五一頁
(20) 『第五回内国勧業博覧会報告書』（大阪市役所商工課）明治三十七年』（藤原正人編『明治前期産業発達史資料勧業博覧会資料十』明治文献資料刊行会、一九七三年）四一頁
(21) 農商務省編『第五回内国勧業博覧会事務報告上巻』（一九〇四年）四九五頁（以下『第五回内国博覧会事務報告上巻』と略す。）
(22) ロシア側の外交経緯および無燐庵会議での対露方針とその経緯については、千葉功「日英同盟締結後における日露の外交方針」（『日本歴史』五八一、一九九六年）に詳しい。なおロシア陸相クロパトキンはこの年六月の来日のさい、同月十八日にこの博覧会を視察した。『太陽』第九巻八号（博文社、一九〇三年）四頁
(23) 演習は三月十日から四月十二日にかけて行われた。（前掲『伯爵山本権兵衛伝上』五二七―五三五頁）
(24) 『太陽』第九巻四号（博文社、一九〇三年）一二頁
(25) 同右
(26) 同右
(27) 前掲『第五回内国勧業博覧会報告書（大阪市役所商工課）明治三十七年』四〇二、四〇三頁
(28) 内閣官報局編『法令全書』第三十四巻―六（原書房、一九八四年）四〇一―四一五頁
(29) 内閣官報局編『法令全書』第三十五巻―七（原書房、一九八五年）四九四―五〇二頁
(30) 桂太郎「台湾協会の設立に就て」（『台湾協会会報』一号、一八九八年）一―四頁
(31) 台湾協会の研究には、呉宏明「近代日本の台湾認識―『台湾協会会報』・『東洋時報』を中心に」（古屋哲夫編『近代日本のアジア認識』緑蔭書房、一九九六年）がある。
(32) 『台湾協会会報』四〇号（一九〇二年一月二十日）四六頁
(33) 『台湾協会会報』四一号（一九〇二年二月二十日）二五頁

(34)『台湾協会会報』三一号（一九〇一年四月二十三日）七—一二頁、同三二号（一九〇一年五月二十日）五—一二頁

(35)人見一太郎（一八六五—一九二四）明治・大正期の評論家、実業家で、民友社社員、『国民新聞』記者。的面生、鬼的面、呑牛、鈴浦などと号す。一八九〇年二月『国民新聞』の創刊にかかわり、論説記者として徳富蘇峰の外遊中（一八九六年—一八九七年）は後事を委託され、民友社・国民新聞社の中枢として活躍。一八九七年七月蘇峰の帰国直後退社、爾後フランスに渡り、日本の紹介にたずさわった。

(36)前掲『台湾協会会報』四〇号、五、六頁

(37)前掲『第五回内国博覧会事務報告上巻』一一五頁

(38)前掲『第五回内国博覧会事務報告上巻』一一五頁

(39)同右一一六頁

(40)前掲『第五回内国勧業博覧会要覧』（同編纂所）明治三十六年』二六五頁

(41)一九〇〇年九月十八日に内務省告示第八一号で「官幣大社台湾神社」の創建が布告され、一九〇一年十月二十日に竣工、同月二十七日に鎮座式がとりおこなわれた。台湾神社の設立経緯などについては、蔡錦堂『日本帝国主義下台湾の宗教政策』（同成社、一九九四年）、横森久美「台湾における神社—皇民化政策との関連において—」（初出『台湾近現代史研究』四、一九八二年）、のちに復刻された台湾近現代史研究会編『合本台湾近現代史研究』一（緑蔭書房、一九九三年）に詳しい。

(42)前掲『第五回内国博覧会事務報告上巻』一七一、一七二頁

(43)第四回では美術館、動物館は部類別によるが、それ以外の館では府県別に区分されて陳列された。

(44)内閣官報局編『法令全書』第三十四巻—六（原書房、一九八四年）四〇三頁

(45)前掲『第五回内国博覧会事務報告上巻』一一五

(46)前掲『第五回内国勧業博覧会要覧』二六四頁

(47)この時期の対清国、朝鮮認識を扱ったものに、伊藤之雄「日清戦争以後の中国・朝鮮認識と外交論」（『名古屋大学文学部研究論集』一一九、一九九四年）がある。このなかで伊藤は当時の新聞、党機関紙などを使用して、中国・朝鮮認識の形成と外交政策論を論じている。またこの時期の対外観と教科書の問題の研究に松本通孝「日清・日露戦争と国民の対外観の変化—明治期中学校外国史教科書の分析を中心として—」（『青山学院大学教育学会紀要』四四、二〇〇〇年）などがある。

(48) 学術人類館という名称は当初は人類館であった。清国人の展示を差止めにしたさい、人類館から学術人類館へと名称が変更された。この名称変更については一九〇三年三月九日付『大阪朝日新聞』「学術人類館と改称」に以下の記事がある。「人類館は人類学研究の材料として各種の人種を聚めその動作風俗を知るの材料となし、又研究を要すべき古物を収容して識者の解決を求めるを目的に設立せるものなれど、単に人類館とありては人間の観世物の如く思ふ人もあるべければとて、今回学術人類館と改称する事になり、又博覧会へ向けて補助を願出でたるが、東京の坪井博士は同館の開設を賛し、人類大地図其他古事物を多く出品する由なり。」

(49) 松村瞭「大阪の人類館」『東京人類学会雑誌』(二〇五、一九〇三年六月)によると、展示されたのは、朝鮮人(二名)、アイヌ(七名)、琉球人(二名)、台湾生蕃(一名)、台湾熟蕃(二名)、台湾土人(二名)、マレー人(二名)、ジャワ人(一名)、インド人(七名)、トルコ人(一名)、ザンヂバル人(一名)の計二八名である。

(50) 『東京人類学会雑誌』二〇三(一九〇三年二月)二〇九頁

(51) 坪井と明治期の人類学については、坂野徹「好事家の政治学─坪井正五郎と明治期人類学の軌跡─」(『思想』九〇七、二〇〇〇年)に詳しい。

(52) 前掲『一九〇〇年パリ万博事務報告四』七四八頁

(53) 「パリー通信」は『東京人類学雑誌』四三(一八八九年九月)五一六─五二四頁、同四四(同年十月)一七─二六頁、四五(同年十一月)五〇─五五頁、四六(同年十二月)七七─九〇頁、四七(一八九〇年二月)一〇〇─一一七頁、四八(同年三月)一四五─一五二頁に掲載された。

(54) 前掲パトリシア・モルトン『パリ植民地博覧会─オリエンタリズムの欲望と表象』一〇九頁

(55) 外交史料館蔵『外務省記録』「大阪に於て第五回内国勧業博覧会開設一件」中、一九〇三年(明治三十六)三月四日付外務省総務長官珍田捨己宛大阪府知事高崎親章書翰に、「其興行許可に先ち、清国留学生より神戸駐在の同国領事を経て申出の次第有之候に付、右清国人を観覧に供することを諭止せしめ候」とあることから、清国人留学生からの抗議があったことはわかっている。ただしその内容についてはいまのところわからない。清国における人類館への抗議、反応については、坂元ひろ子「中国民族主義の神話─進化論・人種観・博覧会事件─」(『思想』八四九、一九九五年)に詳しい。

(56) 同右中、一九〇三年(明治三十六)三月十六日付、外務大臣小村寿太郎宛在清国特命全権公使内田康哉電信「清国の身体面に関する陳列品取除方に付具申の件」
(57) 一九〇三年三月十九日付『大坂朝日新聞』「人類館と韓客」掲載された抗議文の原文は中国語であるが、翻訳すると以下の内容である。
韓国の女性の展示については、両政府の間で何らかの協議がなされたのであろうか。(中略)交隣の道にもとづけば、これは人の道にもとるのではないだろうか。そうでなければ、日本が条約を結んでいる国々の人種をこの例に従って展示すべきである。このように思う人も必ずいるであろう。われわれは東洋三国同種同文の義にある。それにもかかわらず、ただわが韓国の女性だけが展示されているのは、悪い感情を抱く。
(58) 前掲「大阪に於て第五回内国勧業博覧会開設一件」中、一九〇三年(明治三十六)二月二十二日付「博覧会支那人風俗陳所に関する件」
(59) 同右中、一九〇三年(明治三十六)二月二十六日付「支那人風俗に関する件」
(60) 同右中、前掲一九〇三年(明治三十六)三月四日付外務省総務長官珍田捨己宛大阪府知事高崎親章書翰
(61) 同右中「人類館より清韓両国人を除去せしむべき旨内訓」なお「内訓」とは機密に属する訓令のことで、およその内訓は「訓令秘〇〇号」となる。訓令と内訓の違いは決定の方針、実効性の有無ではなく、公開非公開という点のみで、実効性や法的根拠は訓令そのものである。外務大臣から地方官である府知事への内訓が発令できるかであるが、地方官官制に以下の条文がある。
地方官官制(一八九三年勅令一六二号)
第六条知事は内務大臣の指揮監督を承け各省の主務に就ては各省大臣の指揮監督を承け法律命令を執行し部内の行政事務を管理す
(内閣官報局編『法令全書』第二十六巻―二(原書房、一九七九年)二八四頁
これにより各省大臣が主務については指揮、すなわち訓令を発することが可能である。
(62) 羽鳥敬彦「資本主義形成期の日本貿易」(日本貿易史研究会編『日本貿易の史的展開』三嶺書房、一九九七年)
(63) 大阪市編『明治大正大阪市史』第三巻経済編(中)(日本評論社、一九三四年)一五八頁
(64) 前掲「大阪に於て第五回内国勧業博覧会開設一件」中、一九〇三年(明治三十六)三月二十四日付小村寿太郎宛高崎親章の回答
(65) 同右中、一九〇三年(明治三十六)三月二十一日付「大阪に於ける人類館に関する中外日報の記事正誤の訓示」その後、小田切在上海総領事は、「中外日報」に対し以下のような書簡を送付した。原文は中国語であるが、翻訳すると以下の内容である。

人類館は、博覧会とは関係がなく、博覧会場内にあるわけでもない。ただ博覧会の会期を利用して会場付近に設置されただけである。様々な国の人、風俗、食、住居などを人々に観覧させることは欧米にも例がある。ただ人類館の中に友邦人民であるあなたがたが展示され、人々に縦覧されているのは遺憾に思うので、この展示は大阪府知事が禁止した。この件で誤って伝わったことは、清国人の感情を妨害するものであるので、これは良いことではない。そこで中外日報に書簡を送りこれらのことを明かにしたいという私の気持ちを伝えたい。

この書翰は中外日報に掲載され、その記事を小田切は外務省へ送った。

(66)　同右中、一九〇三年（明治三十六）四月四日付「大阪に於ける人類館に関する件」

(67)　その際の抗議内容には、以下の内容であった。

他府県に於ける異様の風俗を展陳せずして特に台湾の生蕃北海のアイヌ等と共に本県人を撰みたるは是れ我を生蕃アイヌ視したるものなり。我に対するの侮辱豈これより大なるものあらんや

『沖縄県史第十九巻資料編九新聞集成（社会文化）』（国書刊行会、一九六九年）一八二頁

(68)　同右

(69)　注(50)に同じ

(70)　海保洋子『近代北方史―アイヌ民族と女性と―』（三一書房、一九九二年）一六一、一六二頁

(71)　内閣官報局編『法令全書』第三十八巻―三（原書房、一九八七年）三九八頁

第四章　セントルイス万国博覧会と日露戦時外交

はじめに

一九〇四年四月三十日から十二月一日にかけて、アメリカ合衆国ミズーリ州セントルイスにおいてルイジアナ州購買記念万国博覧会が開催された（以下セントルイス万博と略す）。この博覧会には日本をふくめて四四カ国が参加し(1)、日本政府は予算約八〇万円のもと、一二万七三二五点を出品した(2)。博覧会開幕直前である一九〇四年二月十日、日本政府はロシアに対し宣戦を布告していることから、セントルイス万国博覧会は日露戦争と同時性を有するものであった。

本章で取り扱うセントルイス万博は、一八〇三年四月アメリカ合衆国大統領ジェファーソンとフランスのナポレオン（ボナパルト）とのあいだで、ルイジアナ地方をアメリカ合衆国が約一五〇〇万フランで購買するという条約が締結されてから一〇〇年となることを記念したものである(3)。そこで開催地としてルイジアナ州都セントルイスが選ばれ、一九〇一年八月、アメリカ合衆国大統領マッキンレーより各国にむけて参同勧誘の旨が発せられた。しかし各国からの参加への同意はなかなか得られなかった。開催まで準備期間が短いことや、大々的におこなわれた一九〇〇年のパリ万国博覧会から間もないことなどがその理由である。この状況に鑑み、一九〇二年六月、議会にて博覧会の開催の一年延期が決定された(4)。

日本政府は一九〇二年十月にセントルイス万博への参加を表明し、翌一九〇三年五月末の第十八議会での予算可決を経て、六月十七日、アメリカ合衆国へ参加を正式に通知した。しかしながら日本政府は参加表明の一年前、つまり一九〇一年十月の時点では万博への不参加を表明していた。(5)

セントルイス万博と日本展示については、開催国アメリカ合衆国での研究には、ニール・ハリスが日本への関心はエキゾチシズムを喚起するものというよりも日露戦争との同時性ゆえに近代化に注目を集め、「軍事的勝利は日本政府が万博会場で見せようとしていた産業技術などの近代化を万博会場で見せようとしていた以上に印象づけた」(6)ことを指摘し、ロバート・ライデルはこの万博の特徴をアメリカ帝国主義にユートピアの様相を与えたと評し、(7)日本については「シカゴでは興味をかきたて、珍奇な価値をもつ、半開で一風変わった人々としての登場であったが、セントルイスでは世界の一等国の一つとして登場した。(8)」という当時の日本への評をひく一方、人類学の見地から日本の勝利を解説する当時のアメリカ合衆国における学問のありようを述べた。キャロル・クリストは、この博覧会を従来のものよりも帝国主義の色彩が強い万博であったと評し、その中で日本は自国の近代化の達成を中国をひきあいに出しつつ強調するような展示をつうじて、極東の盟主が日本であることを強調していたと指摘した。(9)その他には文化人類学的展示の為に連れてこられたアイヌの人々に関する研究や、当時は万国博覧会期間中のイベントのひとつであったオリンピックを対象とした研究がある。(10)一方、日本におけるこれまでの研究には、建築（日本館）、美術などの出品、展示物を問題の中心に据えている研究や、オリンピックにかんする研究がある。(11)

本章ではこの当時の外交課題であった満韓問題および日露戦争と、それらに端を発した諸問題への対応という点を、セントルイス万博との同時性を中心に具体的には以下の三点から考察する。第一に参加までの経緯と出品物の方針を、結果的に日露戦争開戦と重なっていたという状況をふまえて考察し、第二に展示されている出品物の製作意図と陳列館という空間の意味するところをふまえ、第三に万国博覧会の開催期間中に日本政府が主催した祝宴を外交機会ととらえることで、そこではいかなる論理で日露戦争における日本の戦争遂行の正当性が主張されたかを考察する。すなわちセントルイス万博を日本政府の対外宣伝活動の場と捉えることで、当時日本政府が自らをどう見せたかったかということだけでなく、当時の国際社会をどのように認識し、またそこに存在する日本をどう位置づけ、それをふまえて展示内容をどのように構想したかを論考する。

一　セントルイス万博開幕までの諸問題

1　万国博覧会参加までの経緯

アメリカ合衆国政府から日本政府への参加要請は、一九〇一年八月、高平小五郎駐米公使に対して行われ、その後同年十月バック駐日公使より日本政府に伝えられた。これに対し日本政府は同年十月に閣議で不参加を決定した。その理由として開催までの準備期間が短く、かつすでに該当年である一九〇三年に第五回内国勧業博覧会を開催することが決定されていることなどをあげた。しかし一九〇二年七月、アメリカ合衆国から博覧会開催の一年延期という通知を受けると、万博参加へと決定を変更した。一九〇一年八月に参加を要請されてから一九〇三年四月開催までは二一カ月、一九〇二年七月に延期が決定してから一九〇四年四月開催までは二二カ月というように、参加準備期間はほぼ同じである。不参加から参加への決定変更理由について、万国博覧会の事業報告書には、「国際その他の関係上改めて参同する」とあり、具体的な要因はあげられてはいない。

セントルイス万博の予算は、明治三十六年度以降三十八年度に至る三カ年継続費として第十八帝国議会予算委員会における質疑を経て、総額約八〇万円と決定された(12)。八〇万円という予算は、前回参加した一九〇〇年パリ万国博覧会の予算一二九万九〇〇〇円と比べると減少している。この点について、予算質疑では以下のような見解が述べられた。

本邦の産業は、頗る長足の進歩を為したるを以て、参同計画も之に伴ひて膨張し、出品の点数も、又自から増加すへきのみならす、物価は逐年昂騰せるに加ふるに、聖路易は欧州諸国よりも更に不廉なるへきか故に、今回の参同費は、少くも巴里博覧会参同費額以上を要すへきものなり。然れとも、我か財政の現状に顧みて、頗る節約を旨とし、費用の少くして効果の多かるへき計画を採る(13)。

財政難などにより予算は前回よりも減少するが、その中で効果的な展示をすることが協議されている。質疑の中では、財政難を理由に参加そのものをとりやめてはどうかという議論はなされてはいない(14)。これは開催までの準備期間がすでに少なく、予算の早期決定という認識が出席した議員および政府委員のあいだで共有されていたからであろう。つまり一九〇三年時点では参加するということが前提として存在していたのであり、この姿勢は日露戦争の開戦によっても変わらなかった。日本が日露開戦後も参加を取りやめなかったのに対し、ロシアは一九〇四年開戦を理由に万博参加を中止した。ロシア側の準備状況がどれほどであったかはわからない。しかしながら日本が開戦後も参加を中止しなかったのは、ある程度開戦を予期しつつも、それでも参加すること自体の変更はないという姿勢で万国博覧会参加にむけて準備をおこなっていたからであり、それゆえ開戦後も参加するという方針を変えなかったのである。

セントルイスに向けての出品物の船舶輸送には、太平洋航路を専門とする日本郵船会社と東洋汽船会社があたることとなっており、当初の予定では一九〇四年一月二十日をもって完了することとなっていた(15)。しかし一月八日、戦地への作戦輸送の際に、陸軍の海上輸送を民間からの船舶を徴傭してあてることが陸軍省と参謀本部とのあいだで協議され、一月十二日、参謀総長より日本郵船と東洋汽船に対し船舶の徴傭命令が出された。(16)これによりセントルイスへの出品物の輸送手段がたたれたわけである。しかし日本郵船はアメリカ合衆国の汽船会社と交渉し、日本郵船との同一条件（貨物輸送価格の通常の四割引き）で輸送の代行をとりまとめた。(17)その結果セントルイスへの出品物は、一九〇四年一月末から四月上旬にかけて横浜港（総計一五一四トン）と神戸港（総計一四四六トン）からアメリカ合衆国の汽船により船舶輸送された。

ただし各港までの出品物の輸送には国内の鉄道が使用される。各港までの鉄道輸送時期は、日露戦争の開戦（一九〇四年二月十日宣戦布告）をはさむため、国内の軍事輸送と時期を同じくする。一九〇四年一月十二日、博覧会総裁である清浦奎吾農相は地方長官に対して以下のような内訓を発した。

政府は聖路易万国博覧会参同事業報告に関しては、日露問題の如何に関せす、既定の方針に従ひ、着着事務を進行し、参同の効果を挙くることを期するは勿論、現下の如き場合に在りては益々商工業の発達を図るを要するに依り、出品人は日露問題の進行に関し疑惧する所なく、奮て出品を為し、且つ出品輸送期限は厳に之を格守し、此際至急輸送する様其管下の出品人を督励すへし(18)

軍事輸送と並行しつつ、開幕に間に合うよう出品物の輸送が行われるよう命じたのである。しかしそれでもなお軍事輸送の為に貨物輸送が遅れたため、鉄道作業局および鉄道各社に交渉し、出品物に限り特に速達にするよう命じた。サンフランシスコおよびシアトルの領事にも積載船の到着時には貨物の陸揚げに立ち合い、ただちにそれらが汽車に搭載されるよう手配を命じた。こうして戦時にもかかわらず、展示の遅滞を招かなかったのである。

この結果、日本の出品点数はこれまでの万博に比べてはるかに多い一二万七三二五点（出品人数二四四七人）であったにもかかわらず、展示はほぼ四月初旬には終了し、四月十一日に「出品陳列落成式」を挙行した。この時点では開催国アメリカ合衆国を含めて、日本以外の国は陳列準備が終了しておらず、開会の日である四月三十日を迎えても陳列が終了していたのは日本だけであった。「陳列落成式」の内容について詳しくは第三章で述べるが、落成式の様子は催された時期が博覧会開場直前ということもあり、地元セントルイスだけでなく全米各地の新聞で取り上げられた。博覧会に参加した国の中で最も早く準備が完了したという報道内容は、平時であればそれだけの意味しかもたない。しかしこの当時雑誌、新聞などでの日本にかんする記事の大半は、日露戦争についてであった。(19) つまりアメリカ合衆国に住み、万博を訪れる可能性のある人々の中には、日本はロシアとの戦争中であるという認識があり、そのような状況で日本の展示が他国に先駆けて準備が完了したということは、戦争との同時性ゆえに、人々の印象に残ることとなった。

2　セントルイス万博での出品物の傾向

万博への予算が前回より減額されたなかで、「効果的な成果」をあげるということは、具体的にはどのようなことを指すのであろうか。予算が審議された第十八帝国議会衆議院予算委員会第五分科会（農商務省所管）において、万博会場内の日本政府の建築物の様式について以下のような意見が出された。

「シカゴ」の博覧会、若くは巴里の博覧会等に於て、政府の出品物の中に、励へば金堂の模擬建造物と云ふやうなものがあったやうに記憶して居る。あちらの方の評判などを聞いて見ますに、本物を見るならば格別であるけれども、模擬の斯う云うふ建物は甚だ感服をしない。或は巴里に於ての如きは、あの建造物より、寧ろ世界一周の観せ物に出して居る浅草の堂の模擬品の方が、出来が宜かったと云ふやうな評判をするものがある位で、事実美術上の感念から見たらば、果してどちらが宜かったか知らないのであるけれども、併ながら今日出品をする上に於て、（中略）特色を出品したと云ふ訳にも往かぬやうに思ふから、今度「セントルイ」等に政府の建造物等が出品になると云ふことがあったならば、寧ろ昔風の今日廃して居る建築風等に拠らずして、現在の最も改良した建築物の模範を示されると云ふ方針を取らしむことを、切に希望致します。[20]

実際に建築された日本の建築物は、例えば本館が「藤原時代の寝殿風の素木造」というようなものであった。[21] 日本政府館の建物は、万国博覧会会場において日本を表象する意味をもつ。また万国博覧会は諸外国に対する自国のイメージを高める宣伝の場である。したがって、政府館の建築様式について「現在の最も改良した建築物の模範」とする方針を採るような意見は、単にその内容は政府館だけを対象とする意見ではなく、広く展示物の選択まで視野に入ってのものと言える。

一九〇三年七月三十一日、日本政府は臨時博覧会事務局よりセントルイス万国博覧会における出品規則[22]を公布した。さらに八月十五日に、「二箇以上の府県に亙る同業者合同して出品を為さむとするときは前項に準す願書及出品目録二通を作製[23]」という規則を追加した。これまでは万博へ展示する出品物の選定過程を地方間の産業技術競争の機会と意味づけており、それゆえ出品者は府県ごととするという出品規則が設けられていた。しかし今回の万博から出品者が二県以上の府県にまたがってもよいこととなったのである。

追加規則で府県ごとという限定をはずすということは、単に府県を越えた合同出品が可能となったという意味だけではない。法、規則の追加、改正は、現状をくみ取り、従来までの法では対処できないという判断の上でなされる。したがって府県ごとという限定をはずしたということは、それまでの出品方針では現状に対処できないという判断がなされ、追加規則として府県を越えた合同出品が奨励されたのである。この場合の現状とは、日清戦争後の企業勃興により成長した各種産業において府県を越える業種、たとえば電話など流通に関する業種などの全国展開である。

また追加された規則について、臨時博覧会事務局総裁である清浦奎吾農相は八月十日に開会した地方長官会議の席上以下の訓示をおこなった。

今回の博覧会に於ては、出品人をして地方的出品を為すの念慮を去り、帝国の物産を展示するの意を以て出品せしむるを期し、殊に全国各地に製産せらるる重要輸出品の如きは、専ら同業者共同し優等品を精選して出品せしめ、国産の品位と生産の実力とを発揮する様督励することに努めらるへし(24)

つまりセントルイス万博をもって出品物は、出品物選考過程での技術力の地方間競争という出品物選定過程重視という点から、出品物が「帝国」の物産たりえるものかという点に重点が移行したのである。

八月十五日にこの規則が追加されたが、どのようなものを出品するのかという目録の提出の期日は、すでに九月十五日と定められていたゆえ(25)、実際に各地方から出された出品物は茶業組合が金閣寺喫茶店での実演販売をおこなったほかは、各地方の同業者が一団となって出品の事務処理をおこなうという程度でのものであった。

したがって地方レベルではこの追加条項を反映した出品物が製作されたわけではないが、政府主導の合同出品として採鉱及冶金館での鉱業展示と、通運館での地理模型、刺繍による世界地図、写真による日本名勝の展示が製作された。通運館における出品物の内容については次章で詳しく述べるが、日本政府はこれまでの万博では鉱物出品はそれほど重視してこなかった。しかし今回は、「鉱業は外人の大に注目する事業にして、国富を示すに最も必要なるを認め、殊に今回は開催地たる米国の、我か善隣の友邦なるのみならす、我国鉱業の進歩及之に関する富源を世界に紹介する好機会(26)」との判断を下し、出品した。日本がどれほどの鉱業力を持っているかは、日本の戦争遂行能力を示す指針として注目されうることを予測し、産出される鉱物資源の展示をおこなったのである。すなわち日本政府は、ある程度日露戦争開戦の可能性を考慮に入れつつ展示内容を計画していたと言えるが、それが実際に展示されたとき、観客がどのように受け止めたかという問題がある。

当時の在シカゴ領事であった清水精三郎は、開会式前後のセントルイス万博を視察し、小村寿太郎外相に以下のように報告している。

時恰も黄海及満洲に於ける我海陸軍は、戦えば必らず勝ち、攻むれば必らず落し、其光栄赫々として、外国人を眩惑せしむる程にて、博覧会来館者は、殊更日本部出品に注目する折柄なれば、今回博覧会の優秀なる出品が、戦勝の餘光と相照らし、帝国文武の一大真価を、同時に宇内各邦の面前に展覧せしむるものにして、未曾有の大快事と称すべし。(27)

さらに世論対策のために渡米していた金子堅太郎は、六月初旬に万博会場を訪問し、桂太郎首相と清浦奎吾農商務大臣宛に博覧会の様子を報告した。その中では、以下の様に述べている。

顧ふに戦争に於ては、我海陸軍は、既に世界各邦より忠勇天下に比類なきの賛辞を受けし所にして、我同胞も、決して其の過賞ならざるを自認可致候得共、是迄我殖産興業及教育の発達を、未だ充分に世界列国に表示せざる所なりしが、此際「セントルイース」博覧会によりて、各国民に之を紹介するを得たるは、我文明を国外に発揚するに於て戦争と相伴ひ尠なからざる効験ありと思考致候。(28)

清水も金子も戦争との同時性から日本の出品物が注目されていることを報告している。ニール・ハリスも、アメリカ合衆国の観客は、日露戦争との同時性ゆえに、日本の展示物への注目はジャポニズムないしオリエンタリズム的なものにではなく、日本の現在の様子、すなわち近代化の達成度合いをあらわすものにあったと述べ、「一九〇四年は、日本は日露戦争とセントルイス万博の両方で勝利をおさめた」というように、戦闘での勝利によってその展示物が単なる展示ではなく、現実をあらわすものとして認識され、日本の近代化が観客に印象づけられたことを指摘した(29)。またこの博覧会では、アメリカが対スペイン戦争の勝利によって領有することとなったフィリピン諸島を展示する「フィリピン館」がつくられており、それにより「この博覧会においてエキゾチックなものとして最も注目をあつめていたのはフィリピンであった」ということもあり、日本がエキゾチシズムの対象としてそもそも見られていなかったという指摘もある(30)。

このようにセントルイス万博において提示された日本イメージは、近代化がいかに達成された国であるかというようなものであった。これは、ウィーン万博以来見られた貿易面からの輸出品の販路拡大や、日本の技術レベルの向上という側面に重きをおきつつ、すでにある程度広まっていた「ジャポニズム」に代表されるような東洋のエキゾチシズムイメージを意識し、それを全面に打ち出したイメージ戦略とは異なる。これは日本がロシアとの戦争の可能性があり、近代化が達成されているか否かが、日本に対する戦争遂行能力への判断材料の要因の一つとなるからであった。

二　陳列館における合同出品

1　合同出品としての地理模型

セントルイス万博では、出品物は一五区一四四部八〇七類に区分された。日本はそのうち、教育、美術、心芸（リベラル・アートの当時の訳）、工業、機械、電気、通運、農業、林業、採鉱業及冶金、漁業及狩猟の十一区に出品した。日本が出品しなかったのは、園芸、人類学、経済、体育の四区である。万国博覧会会場内には区分ごとに陳列館が設置

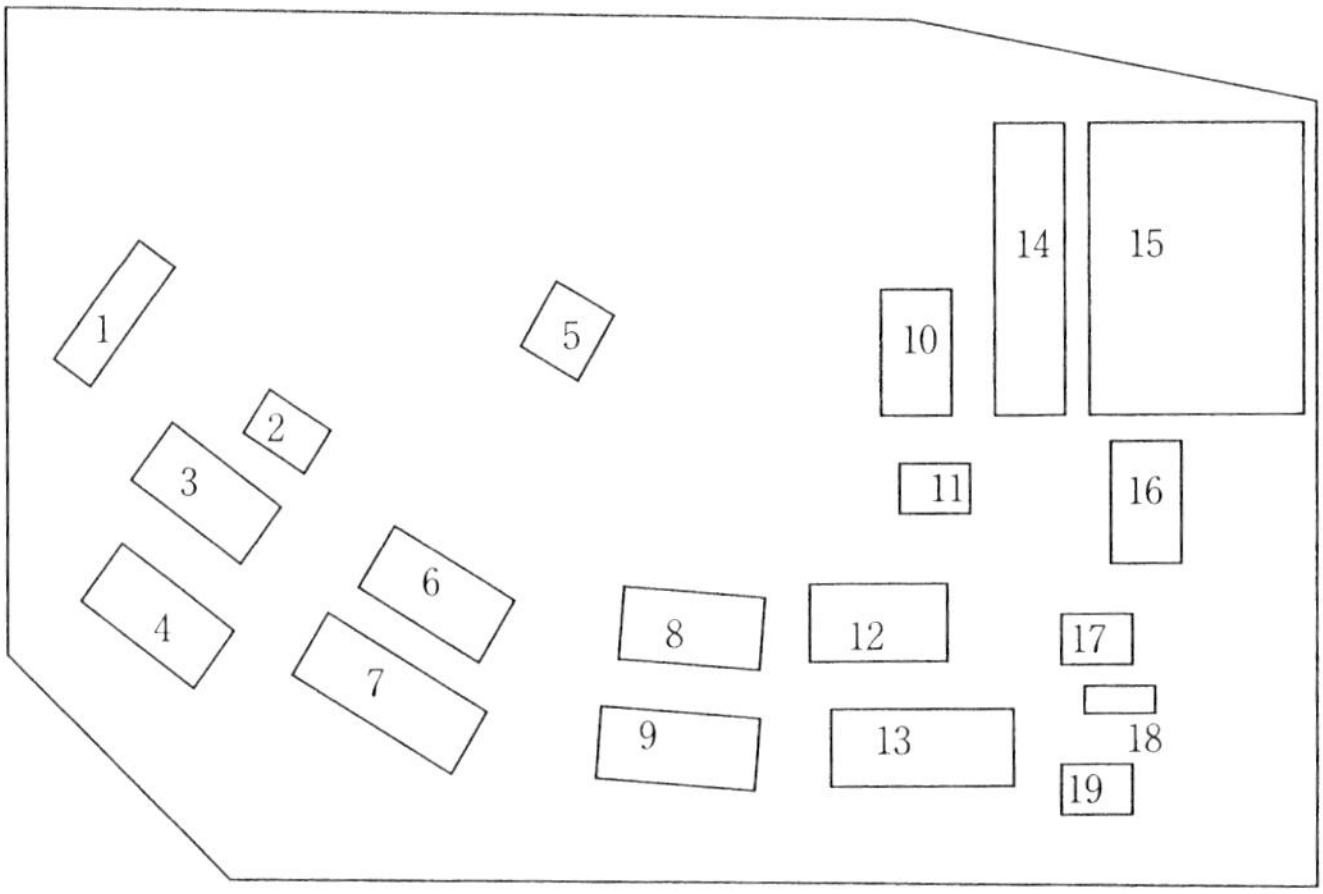

図7　セントルイス万国博覧会会場図
（出典:『セントルイス万博事務報告第一編』より作成）

1：アメリカ合衆国政府事務所　2：ドイツ館
3：採鉱・治金館　4：リベラル・アーツ館　5：美術館
6：教育・経済館　7：工芸館　8：電気館　9：工業館
10：エルサレム館　11：日本館　12：機械館　13：通運館
14：農業館　15：フィリピン地区　16：人類学館
17：フランス館　18：清国館　19：イギリス館

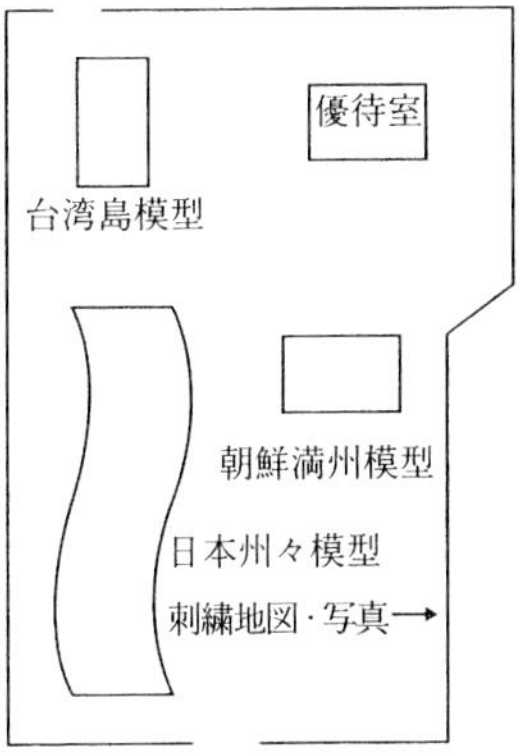

図9　通運館内日本出品陳列略図
（出典：『セントルイス万博事務報告第二編』より作成）

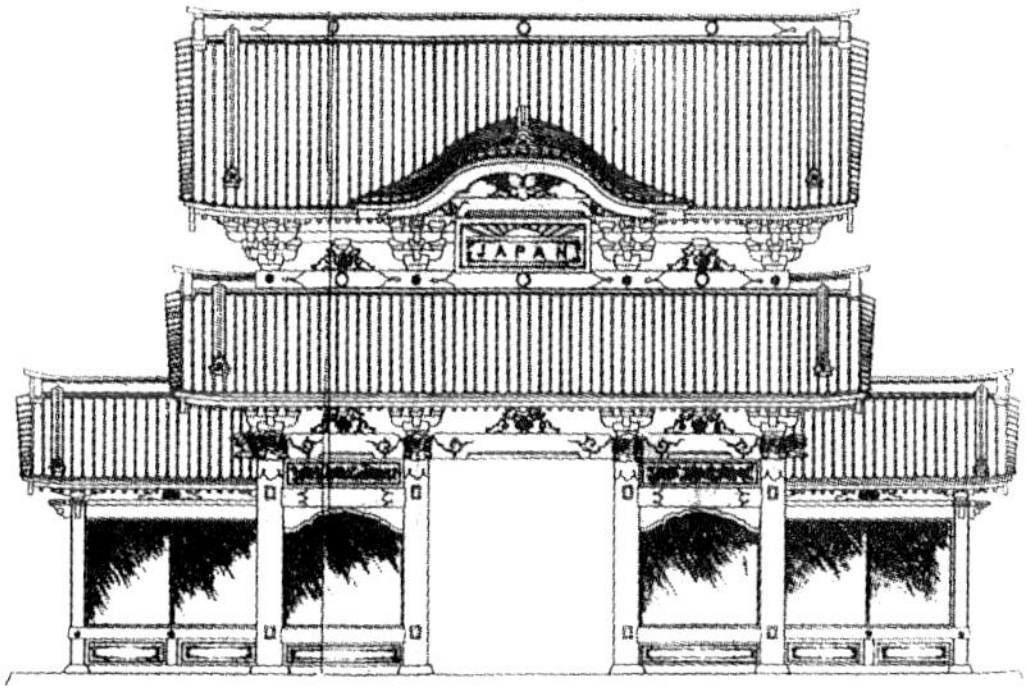

図8　工芸館装飾門　正面図
（出典：『セントルイス万博事務報告第二編』）

され、その中で各国からの出品物が展示された（図7）。陳列館内では各国ごとに陳列区域は区切られた。会場内における各陳列館内での日本の陳列区域は、日本風の建造物（門）で区切られたり、日の丸などの旗の掲揚、「JAPAN」という額の掲示により、他国の陳列区域との選別が強調された（図8）。

前章で触れたように、この万国博覧会への日本の出品物は、従来存在した府県ごとに作成するという制限がはずされたことで、府県をこえた企業間の合同による出品物が作成された。そのひとつに通運館での「地理模型、刺繡世界大地図、日本帝国名勝地彩色写真館」がある。これは農商務省、逓信省及臨時博覧会事務局、鉄道作業局等大阪商業会議所、日本郵船会社、東洋汽船会社、大阪商船会社、山陽鉄道会社、九州鉄道会社、北海道炭鉱鉄道会社、南海鉄道会社および阪鶴鉄道会社が協力して作成し[31]、通運館内の「日本の古代殿舎風」の外郭で仕切られた日本陳列区域の中で展示された（図9）。ただしこの出品物は、製品による具体的な技術力の提示ではない。この合同出品製作の意図は、以下のように説明された。

雄大壮麗にして、而も能く詳細に本邦及近海、隣境、交通、事業の発達を示し、兼ねて我か文化の真相を紹介し、外人をして来遊の念を起さしめ、頼りて以て彼我の交通往来を促進せんことを期したるもの[32]

ここで展示されていた地理模型とは「日本州々模型、朝鮮満洲模型、台湾島模型」であり、刺繡地図とは刺繡で世界地図を描いたものである。その地図上では、宗主国と植民地に同色の糸が使用されていた。

この時期の万国博覧会は「帝国」のディスプレイの空間であり、宗主国の豊かさと宗主国国民の優越性が植民地の展示を通じて立証される空間であった、という吉見の指摘[33]がある。つまり世界を宗主国―植民地の関係で展示し、かつそのように見るということが、万国博覧会へ参加する国とそこを訪れる観客の中にこの時代の共通認識として形成されていた。したがって地理模型や刺繡地図という形で日本が植民地（台湾）を有していることを具体的に示すということは、日本が植民地を有する国、すなわち列強とならぶ「帝国」であることの主張であり、かつそれによって他の陳列館で出品されている台湾からの物産が日本の「資源」であることを示す意味があった。

ただしこの地理模型は、単に地図を立体的に表現したものではなかった。陸地には鉄道（官設私設共）、電気、道路、電信・電話線などが模型で示され、海上には港及航路に汽船、帆船、燈台の模型が置かれた。また航路や海底電線は色絹糸を張ることでその敷設状況が示され、それぞれの模型についても、その固有名詞がローマ字で明示された。この当時の日本社会は、日清戦争後の企業勃興とそれに伴う生産者耐久設備としてのインフラの拡充が政府主導のもと進められており[34]、道路、鉄道、航路、電信、電話などの施設状況を示すことは、具体的な技術展示なしに日本の近代化の様子を展示する意味をもつ。ハリスによると、観客は日本について、二〇〇〇以上の企業からの出品物や写真、地理模型、パンフレットをつうじて、わずか二、三〇年のあいだに電信、電話、郵便制度、鉄道の敷設が普及し、繊維産業をはじめとした企業勃興がおこったということを知り、そのことが日本への関心の中心となったと述べている[35]。

刺繡世界大地図では航路と海底電線が色絹糸で示され、各航路には実際にその航路を走行する汽船の姿が刺繡された。刺繡地図における航路などの強調は、単に通運館における展示のための出品物という意味からだけではない。汽船や海底電線を色絹糸で描写することで、各地とつながる日本の運輸、逓信技術を具体的に示すことができた[36]。事実日本の対外航路は、日清戦争後に飛躍的な発展をとげ、日本海運が国際海運市場における対外自立を達成したが、その状況を示す地図でもあった[37]。

この刺繡世界大地図とともに日本陳列区の壁を飾ったのが「日本帝国名勝地彩色写真」である。そこには地理模型や刺繡地図上に描かれた鉄道や航路の沿線の景色や建築物、名勝の写真、具体的には、皇居二重橋、上野公園、富士山や、台湾の淡水港、打狗港、朝鮮半島の釜山港、仁川港、漢江上流の禮南橋、鵲院関、恩津の大弥勒仏、寒水石の仏塔、景福宮の内承華楼、昌徳宮後庭の一部などが飾られた。またそれぞれの写真の額縁の上部中央には旭織の日章旗がつけられ、額縁下部には地名とその地に関係する鉄道または航路が英字で表記された。したがって写真にある朝鮮半島の釜山港、仁川港は、地理模型、刺繍地図で示された航路の表示ともあいまって、日本の交通事業の発達とそれらの地域とのつながりを示唆するものであったと言える。しかし港以外の風景写真として、朝鮮半島の名勝や王宮の風景が飾られているのに対し、ほぼ一〇年前に植民地となった台湾の名勝旧跡は展示されてはいなかった。

これらの写真が富士山などとともに陳列館の日本区域の外壁に飾られていれば、観客はそれらを日本の風景の一つとして眺めるであろう。しかもその写真には上部に日本を象徴する日章旗で装飾された額縁が使用されていた。さらに額縁の下部にある地名が地理上どこに位置しているのかは、日本区域の中で展示されている地理模型と照会しなければわからない。すなわち日本と近隣の交通発達の様子を示すという展示意図のもと作成されたこれらの合同作品は、単に日本の交通に代表される近代化の状態や、中国大陸、朝鮮半島との交流をしめしただけではない。朝鮮半島と満洲についてこのような刺繍地図、地理模型や風景写真を日本陳列区域で出品することは、これを見る観客にその地域がすでに日本の支配領域であるかのような、すなわち宗主国—植民地関係を想起させるような展示法である。事実、日清戦争後、朝鮮海域は日本海運がほぼ掌握しており、日本経済の朝鮮市場の包摂過程の進展とともに海運網は拡充されていった(38)。そもそも日本の海運は、農商務省の管下にあったことを考えると、この展示が企業の合同出品であったにせよ、結果的には日本政府の朝鮮、大陸政策の延長上にあった。

もちろんこれらは日本とのつながりという日本側の視線で作成された日本の出品物であるゆえ、韓国という国の存在を前面に出す必要はない。しかし日本を中心とした隣接風景という展示法は、それを見る観客にその領域に対して一つの国家であるという独立性を感じさせるものではない。さらに韓国が国として参加していない以上、観客は他の陳列館などで独立した存在としての韓国を感じさせるものに出会わないゆえ、韓国の政治的独立性は人々の意識上にのぼりにくい。またセントルイス万博の会期は日露戦争と全面的に重なっていたため、観客は当該地域を示すこのような展示物を見る際に戦況報道の中に出てくる地名をそこで確認するという作業をしたであろう。すなわちこのような地理的要素の強い展示物は日露戦争中であったがゆえに観客の関心を呼ぶものであった。しかもこれらが日本の出品物であることは、ある種の政治性が付与された展示内容である。にもかかわらず、「地図」がもつ科学的な要素を有するという特色は、観客はそれを眺めるさい、地理情報を収集するという関心を持つため、地図作成上の政治的意図への批判的視座を十分に働かせるとは言い難い。したがって地理模型に代表される展示は日本の鉄道、道路、船舶などの近代化の指標となる交通の整備状況を見せるだけでなく、戦争期にあって重要課題である領域の問題をその政治性を隠しつつ展示するものであった。

そして日本の様子を示すような作品を出品できたのは、府県をこえた企業と、そこに農商務省（臨時博覧会事務局の所管）や逓信省、陸軍省などの政府が合同でおこなったからこそである。というのも地図や地理模型は、単に測量などの技術力が必要なわけではなく、世界を、そして世界の中に日本をどう位置づけるか、他の国とのつながりをどう捉えているかという理念が存在し、その上で作成されるものであるからである。

万国博覧会において、陳列館とは博覧会事務局の定めた出品規則にのっとり各国が参加する正式な空間である。さらに通運館という陳列館内にあって、日本はその陳列区域を日本風の建築物（門）と日本の古代殿舎風の外郭によって他の陳列区域と分けることで、その空間内が日本領域であるかのような演出をし、さらにその空間領域を構成する要素として日本列島、台湾、朝鮮および満洲の地理模型を展示したのである。すなわち陳列館のような公的な空間でこのような展示を行うことには、日本の主張に「正式さ」を加えるという意味があった。

2　合同出品と日露戦争の作戦

セントルイス万博への参加国は四四カ国にのぼったが、その中で日露戦争と関係のある地域について言えば、日本、清国は参加していたが、ロシア、韓国は不参加であった。ロシアに関しては、当初は参加を表明していたものの、日露開戦を期に参加をとりやめたという経緯がある。当時のシカゴ領事であり万国博覧会評議委員でもあった清水精三郎は、外務省宛の万国博覧会報告書の中でロシアの不参加について以下のように述べている。

茲に同館（筆者註・工芸館）内最も人目を惹くは、陳列の設備大混雑なる館の一部に大空場あり。怪んで四面を見渡せば、只だ空しく『露国部』と大書せる掛札あるのみ。我出品陳列の盛況と対照し、観者をして奇異の感念を起さしむ。(39)

この当時は新聞などの活字メディアによって日露戦争のことが報じられており、かつこのように明らかに直前に参加をとりやめたとわかるような会場の状況は、この様子を見た観客にロシアの不参加の理由が日露戦争であるということを想像させる。先述のように、日本が一一の陳列館および日本政府館においてその存在を示しているのに対し、もう一方の当事国であるロシアは、陳列品が並ぶ万博における公的空間において国名の札だけが存在するという形で不参加という存在感を示すという状況は、この様子をみた観客が開催国であるアメリカ合衆国の出身者であれば、博覧会主催者の側に立ち不参加のロシアよりも参加している日本に好印象を抱くであろう。つまりロシアの不参加は、日本の万博における存在と参加したことの価値を高めたのである。

この万国博覧会に韓国は参加していなかった。しかしこのセントルイス万博においてその存在が全く無かったというわけではない。先述のように日本政府は、通運館における朝鮮満洲模型や風景写真において「日本の隣接する領域」

としてその様子を示した。
地理模型として製作、展示されたのは「日本州々模型、台湾島模型、朝鮮満洲模型」である。この地理模型製作目的には、「本邦及近海隣境交通事業の発達を示」すとあるが、「朝鮮満洲」は他の二つと異なり、この時点では日本の領有地ではない。しかしこの模型が展示されているのは「日本の陳列区域」として区切られた空間内であることから、この展示は単に近代化の指標となる交通の発達の主張というだけでなく、政治的意味あいを含んだ主張である。
この「朝鮮満洲模型」を製作するにあたり、模型の範囲は、「日本全国、支那の東海岸、韓国全部、満洲の一部但し、満洲の多部分は博覧会場にて増勢せり」[40]とされた。
この地理模型を製作するにあたり使用された地図は、参謀本部陸地測量部地図、農商務省地質調査部地形および地質図、海軍水路部実測海図、富山房編日本全図などである。[41]この中で「朝鮮満洲模型」製作上資料となったのが、参謀本部陸地測量部地図であろう。一九〇三年十月二十日から同年十一月一日にかけて陸軍参謀本部において、日露戦争の作戦が協議された。[42]これはこの模型の製作時期と重なる。そこでは以下の作戦が決定された。
第一期　鴨緑江以南の作戦にして韓国の軍事的占領を全くするを以て限度とす
第二期　鴨緑江以北、満洲の作戦
第一期作戦を略記すること左の如し
一、先遣徴発隊を韓国京釜南路上に差遣し、兵站設置の準備をなさしむ
二、臨時派遣隊（歩兵五大隊山砲一中隊）を差遣し、京城及元山の駐箚部隊を増加し、敵の小企図に対し京城の占領を持続し、後続部隊の到着を待たしむ
右二項は開戦を予期する場合に於ける準備手段なるを以て敵に対し、其実行を秘匿する為作戦行動に移る迄

は、服装を変せしむ（紳士、技師、商人、工夫、担夫、漁夫等）而して臨時派遣隊は爾後の便宜を顧慮し、主として第十二師団に於て編成す

三、第十二師団を動員して韓国に進む

四、海面の情況之を許すに至らは近衛、第二師団を韓国に進む

右二項の詳細に関しては別に韓国に於ける作戦計画に於て計画す(43)

このように、第一期については四つの案からなるが、第二期についての具体案は計画がなされていない。千葉功は「日露交渉―日露開戦原因の再検討―」の中で、「韓国全土の占領計画のみ詳細に決定していることから、陸軍の方針は、韓国は絶対確保する一方、満洲では出来る限り前進するというものではなかろうか。(44)」と指摘しているが、これは「朝鮮満洲模型」範囲が、「日本全国、支那の東海岸、韓国全部、満洲の一部但し、満洲の多部分は博覧会場にて増勢せり(45)」と決められたことと基調を同じくする。すなわちこの模型において取り扱う空間の区切りは、当時の軍事的判断が反映されていた。

写真と同様日本陳列区域の壁を飾った「刺繍世界大地図」は、刺繍という特性をいかし、国境、地境などが糸の配色で明確化され、植民地は本国と同色の糸を使用することでその帰属が表示された。また刺繍地図上における地理名称は、海、湖沼、河川などは黒色の糸で文字が刺繍されたが、日本海という名称だけは赤色の糸が使用された。「日本海(46)」という名称に注目を集めようとする意図は、その海が、まさにその名のとおりその海が「日本の海」であることを示すことで、その周囲に位置する陸もまた日本の領域ないし、日本の影響下にあるという論理、主張である。

日本のこの領域に関しての対露方針は、開戦前年である一九〇三年四月二十一日に京都の山縣有朋の別荘「無隣庵」において、元老である山縣、伊藤博文と桂太郎首相、小村寿太郎外相が会談し、満洲と韓国の一括処理という意味で

の満韓不可分論で一致し、先述のように六月二十三日に開かれた御前会議において、他国による朝鮮半島領有は絶対容認できないことであり、ロシアの満洲占領はそのまま看過できないという日露協商案要領を決定した。(47)この「他国による朝鮮半島領有を許さない」という論理は、この展示において、その地域がまさにどこの国にも帰属しない風景のように扱われていることに象徴されている。

セントルイス万博において出品物を通して打ち出された日本イメージは、国内のインフラ敷設状況や植民地を有する国家であることを宣伝する内容による近代国家としての日本というものであった。それゆえその出品物はより「帝国的」な性格を持つものであった。

とりわけ戦争中であれば、地理模型、刺繍地図など地理空間を表象する展示物は、観客の関心を呼び、戦争地域の地名は注目を集める。そのような状況において、政治的現実となる前に日本の出品物として日本の陳列区域内で展示することで日本のとの関係性の深さを示し、かつ陳列館という空間において主張することでその主張に正式さを付け加えた。さらにこの展示内容は、製作段階では実際には「日本の主張」であったが、会期中の日本軍の勝利や八月二十日の第一次日韓協約締結により、軍事的、政治的に実体化されていった。

地理模型の範囲設定は、千葉の指摘する「満韓問題は一括処理すべき問題である」という意味での「満韓問題＝満韓不可分論」(48)に端を発するかの地域への認識を前提事項とするものである。したがって、それをもとに作成された地理模型が模型作成領域設定においてその区切りを踏襲しているのは当然であるが、その構想が存在したからこそ、満洲の一部と朝鮮半島が一括して模型として製作されたのである。

三　外交機能としての万国博覧会

1　広報活動としての祝宴

セントルイス万国博覧会での日常的な「日本」広報活動は、前章までで述べた陳列館における出品物展示のほかに、日本政府館敷地内における展示がある。これは参加した国によっては、その国ごとの政府館―例えば日本の場合は日本政府館―を建設し、独自の展示空間を構成していた。つまり各国の政府館敷地内は、陳列館と異なりその国の政府の裁量によって出品、展示が構成される空間であった。日本政府は万博会場内にドイツ、フランス、イギリスに次ぐ敷地を有し、敷地内には日本政府館本館、事務所、売店、金閣喫茶店、眺望亭、台湾館などの建物と日本庭園を建造した。（図10）

日本政府は開催期間中、祝宴を企画することで、日本政府館に政府関係者や博覧会主催者などの要人を招待した。日露戦争中であったこの当時、日本と列強との外交は公使レベルにあり（大使レベルは日露戦争後）、日本にとって日英同盟は外交上唯一の同盟であったが、イギリスにとっては数ある同盟、協商のうちの一つであった。一方ロシアと列強との外交は大使レベルにあり、また日英同盟があるもののロシアとイギリスは王室同士が姻戚関係にあった。つまり列強を中心とした外交関係にあっては、ロシアと日本の外交レベルは非対称なものであった。

セントルイス万博で日露戦争中に行われた日本政府館において挙行された祝祭のうち、万国博覧会との関係上開かれたのは、出品陳列落成式（同年四月十一日）、政府館開館式（同年六月一日、三日）である。(49)

セントルイス万博の正式な開場は四月三十日であるが、それに先立つ四月十一日、日本政府は「出品陳列落成式」を工芸館内の日本陳列区域で挙行した。そこにはセントルイス万博を主催する博覧会協会総裁であるフランシス以下博覧会協会関係者が招かれた。工芸館で陳列式が挙行されたのは、工芸館の日本の陳列区域は、他館のそれと比べて面積が最大であっただけでなく、この当時アメリカ合衆国ではアーツ・アンド・クラフツ運動がさかんとなっており(50)、工芸品自体への関心が高まっていたことがその理由である。

四月三十日の開幕を前に、出品物の展示が終了していたのは日本だけであった。それゆえ博覧会主催者側は、日本の提案は日本の出品だけに注目が集中しすぎるとして当初は異議を示したが、他国の準備状況と比較して、これはすでに事実上獲得された利益であるということで挙行が許可された(51)。そもそも万国博覧会は展示された品に対して審査をし、褒賞を与えることを目的とする各国が技術を競う空間という性質を有する。しかしこの時は「最も早く準備が整った」ということが価値基準であり、それゆえ日本は博覧会開幕前に、各国の出品物と比べられることなく自己の存在をアピールすることができた。第一章でふれたように、開戦と重なりつつも輸送がとどこうりなく完了するような配慮がなされたがゆえ、日本の出品物は四月中旬に陳列が終了していたからである。

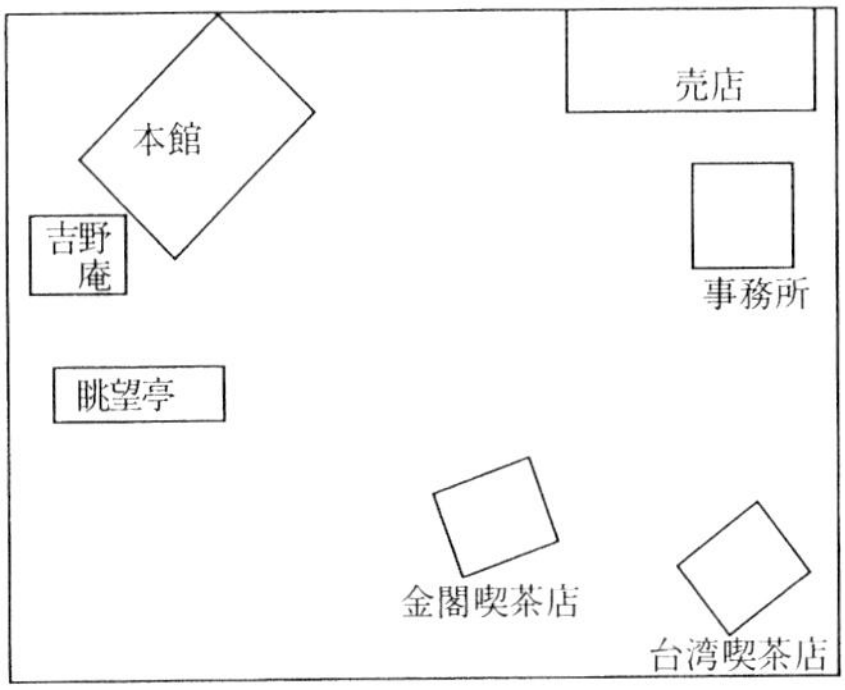

図10　日本政府館敷地図（出典：『セントルイス万博事務報告第二編』より作成）

この開会式において、日本側の博覧会事務局副総裁である松平正直は、挨拶の中で日露戦争に関して以下のように話した。

　諸君の知れる如く日本帝国は極東に於ける永久の平和を収めむか為、干戈を訴ふるの止むを得さるに至り。今や我か歴史上空前なる危急の時機に遭遇し、戦争上避くへからさる困難を有するに拘はらす、一面に於ては人道及社会の福祉繁栄の為、平和的国際競争の場裡に立ちて、我か文化、産業及其他の発達を示すに全力を尽すに躊躇せさりき。惟ふに此日本の新経験は、世界博覧会参同上特筆すへきものたることは、予の信して疑はさる所なり。(52)

六月一日、三日に行われた日本政府館の開館式は、一日には敷地内の庭園で園遊会が、三日には聖路易倶楽部にて晩餐会がそれぞれ催された。一日の園遊会には来賓としてルーズベルト大統領の娘が、その他にも博覧会当局者、参同諸国事務官らが招待された。三日に行われた晩餐会は博覧会当局者の日本の参同事業に対する好意への感謝とさらなる親交を主旨として催され、博覧会総裁フランシスを始めとした事務局の重役および各陳列館館長が招待された。その会で松平博覧会事務局副総裁は、そこで以下のような挨拶をした。

諸君も熟知せらるる如く、日本帝国は隣邦と戦を交ふる不幸の境遇に際会して、挙国憂慮すと雖も、元来此戦は、東洋永遠の平和を目的とするものなるか故に、戦争中と雖も平和の事業を閑却するを好ます。されは本博覧会に対して参同の実を挙け、一手に銃剣を把ると雖も、他の一手には平和の器仗を揮へて開明の競争に加はり、太平洋岸の国たるに背かさらむとするは、官民一致を体旨にして戦時に拘はらす、進みて世界の一大平和事業たる本博覧会に参同したる所以なりとす。万難を排し得て茲に参同の好成績を挙けたるは、啻に我か国民の平和事業に汲汲たるか故のみならす、我か国の開明元合衆国の率先輸入する所に係り、我か第一の友邦たること夙に国民の脳裏に印象して深厚の同情を有する。(中略)諸君冀くは、日本政府及人民の諸君と共同して、世界平和の進運に貢献する精神と実力とを兼子有することを領会せられ、以て此席上に十分の歓を尽されむことを望む。(53)

松平はこの両挨拶で、万国博覧会を人道、社会の福祉繁栄のための「平和的国際競争」ないし「世界の一大平和事業」と意味づけ、それゆえに日本が戦争中にあっても万博に参加をしていることの意義を主張した。このように参加していることを意味あるものとして強調できるのも、もう一方の戦争当事国であるロシアが不参加であるからこそ可能となる論理であった。

その一方で戦争目的を「極東に於ける永久の平和」ないし、「東洋永遠の平和」と述べた。このように万博と戦争を平和という言葉で語り、さらにはそれを担う主体に「世界の」とか「極東」「東洋」という言葉をつかった。すなわち戦争遂行も、万博参加も単に自国の利益のみを考えてのことではないという論理である。

この当時アメリカ合衆国の外交方針は、マッキンレー政権下において海軍史家アルフレッド・マハンらが推奨する「世界強国論」すなわち太平洋、大西洋の両岸に接する合衆国は太平洋にも進出することが軍事的にも、政治的にも重要であるという外交方針であった。一八九九年、国務長官ジョン・ヘイは、イギリス・ドイツ・ロシア・フランス・日本に対し中国での機会均等を原則とする第一次門戸開放通牒を、一九〇〇年には中国の領土保全を加えた第二次門戸開放通牒を宣言した。このような外交方針であるアメリカ合衆国が、中国大陸に距離的に近い日本が日露戦争で勝利すれば、朝鮮半島における日本の影響力が増し、さらには大陸における日本の影響力が強まることに対して懸念を示すことは予想される。また先のアメリカ合衆国の門戸開放宣言に対しては、日本をふくめ各国とも原則的に同意しているため、たとえ日本が対ロシア戦に勝利しても右の門戸開放宣言に抵触するとして、再度「三国干渉」のような外交上の干渉がなされる可能性が出てくる。そこで日本の利益を主張することを避け、万博と戦争という一見直接的な関係のないものを、世界ないし極東（東洋）の平和のためであり、自国の利益のためではないということを前面に出すことで連結し、万博参加もまた戦争遂行の正当性を補強する要素の一つとしたのである。すなわち平和遂行の一環として戦争を解釈し、万博参加をもって戦争の遂行の正当性へと転化したのであった。

2　「東洋／極東の平和」という論理

以上に述べてきたようにセントルイス万博において日本は、日露戦争の目的を極東ないし東洋の平和と述べた。ここで言う「平和」とは、現状としての平和ではなく、戦争目的としての平和である。したがって、日本にとってこの平和とは、危機原因を取り除いた状態、すなわち満韓問題が解決された状態を意味するものだが、この「平和」状態とは日本にとっては日露戦争前よりも一歩進んだ状態である。

この当時の日本は、国際社会において各国と協調をはからずに一国の論理だけで外交政策を押しすすめることはできなかった。この状況下で日本が現在遂行中である戦争への同意ないし承認を得ることは、この戦争目的への同意ないし承認につながる。したがって国際法の関係ではなく、戦後処理をふくめた外交問題上、各国から戦争目的への同意を得る必要があったが、なぜ戦争目的を「東洋／極東の平和」としたのかという問題が残る。

東洋は西洋との対立概念であり、「極東」もヨーロッパ中心の世界観からの表現である。ここでは平和という状態に関して述べるために、相手の認識の枠組みに依拠した地理名称を使用したのであり、東洋、極東ともに「地域」をさす言葉として使用されているのであり、あくまで日本から見たその地域という地域観にささえられた「東洋」ないし「極東」であった。しかしなぜ「日本」という国名を使わずに、地域を表す「東洋」ないし「極東」という言葉を使用したかが問題として残る。

一九〇四年二月四日、御前会議において日露の国交断絶が決定された。この会議において政府は、「英米両国政府及び人民の同情を喚起するの極めて緊要なるを認め」(54)、金子堅太郎をアメリカ合衆国に、末松謙澄をイギリスに、それぞれ派遣することを決定した。つまり開戦決定と同時に国際世論の対策を念頭においた対外宣伝活動を行うことが指示されたのであった。金子に出された復命書の条項の一つに、以下のようなものがある。

恐黄熱は、欧米人の思想中に今尚伏在せり。殊に露国は、百方該熱を鼓吹しつゝあるか故に、之れか再発を予防すること(55)

つまり日本政府は対外宣伝工作によって黄禍論の浮上を防ごうとしていたわけであるが、これは黄禍論に代表される人種間対立や宗教対立が日露の国家間対立に重ねられると、列強の世論がロシア側に立つだけでなく、一八九一年に締結された露仏同盟によりフランスが参戦する可能性が発生するゆえ、それは日本にとって避けなければならない事態であった。したがって日露戦争を日本とロシアとの国家間対立ではなく極東ないし東洋における地域の問題として説明する必要があった。

また日露戦争の戦闘地域は、戦争中においては日本領域ではなかったため、祖国防衛を対外的に主張することは困難であった。しかし列強にこの戦争が日露間の領土獲得競争と判断されれば、日英同盟によりイギリスからの干渉への対処策をほどこしていたが、その他に中国大陸への進出をねらう米独仏からの戦後処理段階での干渉の可能性だけでなく、戦時中における派兵の可能性も存在する。事実、一九〇〇年の義和団事件の際、イギリス、アメリカ合衆国、ドイツ、フランス、イタリア、オーストリア・ハンガリー、ロシア、と日本は連合軍を組織して清国に攻め入り、北京議定書を承認させていた。それゆえ祖国防衛と言えず、また領土獲得と判断されることを避けなければならないことから、日本ということを主体とせずに地域の平和としたのである。つまり満韓問題を主題とした日露戦争で勝利をおさめるには、その視野を広くとり、かつ時間を長期にとった戦略構想が必要であり、短期的な現実主義の協調外交では不可能であった。すなわち外国からの干渉を排除することを目的とするようなレベルでは現実主義の協調外交で対処できるが、戦後処理をふくめた戦争での勝利を得るためには、外交による干渉を排除することをてことして構想をもつことになったのである。

以上のように日本はセントルイス万博において、自らが祝宴を主催することで、日露戦争の目的、正当性を主張する機会をつくり出した。そこでなされた日本の主張は、太平洋側すなわち中国大陸への進出をねらう当時のアメリカ合衆国の外交方針を意識して行われたため、当時外交上の主導権を有していない日本の主張がいかに相手国側に受け入れ可能なものとするかを課題として構想された物であった。

しかしその構想は、単に周囲の国際状況への受動的な対応として生み出された「現状への説明」のようなものではなく、戦後処理を含めた日露戦争での勝利を獲得するための積極的な「正当性の主張」であった。すなわち日露戦争だけによらず、戦後処理をもふくめて満韓問題の解決にあたらなければならなかったことが、「地域構想をもつ」こととなった。

その中でなされた「東洋／極東の平和」という日露戦争の正当性の主張は、極東、東洋というような西洋を中心とした世界観からの名称を使用してはいるが、それはその該当する地域を表するために便宜上使用しただけであり、その論理の根底には日本を中心としてそれらの地域との関係を認識するという地域観があり、すなわちそれは、そこから生み出された新秩序構想であった。

おわりに

セントルイス万博は開催地がアメリカであったゆえ、想定される観客は日本人ではない。しかし万国博覧会は諸国が一堂に会する空間であるというその特質ゆえに、そこでは今後日本が世界各国の中でどのようにありたいかという将来ありたい理想の自己イメージが可視化され、表現される場であった。そしてその理想像は、その内容が満韓問題に端を発した日露戦争の共時性を背景に生み出されたものであっただけでなく、そもそもその共時性ゆえに日本の考える戦争後の地域構想を戦争目的の延長線上にのせて対外的に表明することとなった。

セントルイス万博で日本の領域に関する展示物であった地理模型でも、その領域設定は当時の政治的・軍事的判断を踏襲したものであった。すなわち鴨緑江をラインとして朝鮮半島については領有、それ以降、すなわち満洲に関しては曖昧なものであった。また祝宴での挨拶で戦争目的を語るさい、「東洋」ないし「極東」の平和としたが、これも東洋か極東のどちらかということへの厳密な定義はなされていなかったが、いずれも日本近隣として日露戦争で争点となっている満韓地域を指す言葉として使用されているという意味では同じであった。

ここで示された理想とする日本像は、あくまでイメージであるゆえ曖昧さを持つ。しかし曖昧であるがゆえに、日露戦争以降もその理想像は具体的な内容は状況に応じて変化しつつも、その方向性においては変わらなかった。たとえば戦争の問題となった満韓問題においても、明確となっていたこと、すなわち鴨緑江をラインとした朝鮮半島の領有は、戦争中にすでに軍事的にも、政治的（日韓議定書、日韓協約）にも解決したが、曖昧な部分すなわち満洲地域の境界については、ポーツマス条約締結以降も未解決問題として残り、日露協約へとつながった。すなわち当該地域への関心は日露戦後も継承され、日露協約、韓国併合へと向かう。したがって日露戦争後も、外交課題の内容は、連続性をもっていた。そこで日露戦争での勝利という経験が、その後の国際博覧会における展示方針にどのような連続性、不連続性をもたらしたのかという点を論考する必要がある。韓国併合がなされた一九一〇年にロンドンで日英博覧会が開催されたが、日英博覧会時の外交政策と日本の展示については第五章にゆずる。

このように日本の理想像、将来像の根底となった地域主義構想は、その後大正期に沈み、昭和期に大東亜共栄圏構想などとして再度浮上する。このように構想をもつことは、すでに満韓問題解決のなかに、戦争だけでなく戦後処理を含めた時点で、戦後の枠組みを語る必要から生み出されたものであった。

註

（1）参加した国は（当時植民地、自治領であった場合も含め）スペイン、イタリア、日本、ベルギー、スウェーデン、オランダ、ギリシャ、デンマーク、フランス、ノルウェー、ドイツ、イギリス、グアテマラ、オーストリア、メキシコ、カナダ、ウルグアイ、エクアドル、モロッコ、清、アルゼンチン、セイロン、インド、ブラジル、ベネズエラ、ペルー、キューバ、ボリヴィア、ジャマイカ、コスタリカ、チリ、ニカラグア、ドミニカ

（2）特に断らない限り、国立国会図書館所蔵、農商務省編『聖路易万国博覧会本邦参同事業報告』第一編、第二編に依拠する。（以下『セントルイス万博事務報告第一編』『セントルイス万博事務報告第二編』と略す）

（3）この購買により当時のアメリカ合衆国の面積が約二倍となっただけでなく、その後のアメリカ大陸の西部諸州に進出する契機となったため、この購買は、政治、経済におけるその後のアメリカの反映の基礎となる出来事であったと認識されており、購買から一〇〇年である一九〇三年に購買の記念として万国博覧会を開催することが決定され開催地は購買したルイジアナの諸州中、最大都市となったセントルイスが選ばれた。

（4）前掲『セントルイス万博事務報告第一編』二二一―二三三頁

（5）一九〇三年五月二十五日、同月二十八日、二十九日の予算委員第五分科会（農商務省所管）において、セントルイス万博の予算について審議された。『帝国議会衆議院委員会議録二四』（東大出版会、一九八七年）一九三―二二一頁

（6）Harris, "All the World a Melting Pot?",p.51

（7）Rydell, *All the World's a Fair*,p183

（8）Ibid.,pp180-181

（9）Carol A Christ, "The sole Guardians of the art Inheritance of Asia: Japan and China at the1904 St Louis World's Fair",:*East Asia Cultures Critique* 8.3(Winter 2000),pp675-709

（10） Carol A Christ , "Japan's Seven Acres: Politics and Aesthetics at the 1904 Louisiana Purchase Exposition", *Gateway Heritage* 17.2(1996),pp2-15, Lew Carlson, "Giant Patagonians and hairy ainu: Anthropology Days at the 1904 St.Louis Olympics," *Journal of American Culture* 12 (Fall 1989),pp19-26,James W Van Stone, "The ainu Group at the Louisiana Purchase Exposition, 1904", *Arctic Anthropology* 30,2(1993),pp77-91

（11） 畑智子「セントルイス万国博覧会における「日本」の建築物」（『日本建築学会計画系論文集』五三二、二〇〇〇年）、同「十九世紀世界の中の日本―セントルイス万国博覧会にみる文化交流とナショナリズム」（『神戸市外国語大学外国学研究』四四、一九九八年）、志邨匠子「日本画の装飾性をめぐるいくつかの立場―セントルイス万博における日本画論を中心に―」（『女子美術大学紀要』二九、一九九九年）。なお吉見の流れに属するものに、小澤英二「万国博覧会とオリンピック大会―一九〇四年セントルイス大会での「人類学の日」をめぐって」（『椙山女学園大学研究論集』二五、一九九四年）がある。

（12） 前掲『帝国議会衆議院委員会議録二四』二二一頁

（13） 前掲『セントルイス万博事務報告第二編』四四―四五頁

（14） 前掲『帝国議会衆議院委員会議録二四』一九三―二二一頁

（15） 「聖路易万国博覧会出品規則」第十一條（一九〇三年七月三十日）、臨時博覧会事務局告示第一号『法令全書』第三十六巻―八（原書房、一九八六年）一〇五八頁

（16） 陸軍省編『明治三十七八年戦役陸軍政史』第一巻（湘南堂復刻、一九八三年）一三七―一四一頁

（17） 前掲『セントルイス万博事務報告第二編』三三一頁

（18） 同右三三四頁

（19） Harris, "All the World a Melting Pot?",p51

（20） 前掲『帝国議会衆議院委員会議録二四』二二一頁

（21） セントルイス万博における日本の建築物については、前掲畑智子「セントルイス万国博覧会における「日本」の建築物」に詳しい。

（22） 「聖路易万国博覧会出品規則」前掲『法令全書』第三十六巻―八　一〇五六―一〇六二頁

（23） 臨時博覧会事務局告示第六号（一九〇三年八月十五日）同右『法令全書』一一五九頁

(24) 前掲『セントルイス万博事務報告第二編』一〇二頁
(25) 前掲「聖路易万国博覧会出品規則」臨時博覧会事務局告示第一号第六條、前掲『法令全書』第三十六巻―八、一〇五七頁
(26) 前掲『セントルイス万博事務報告第二編』二一五―二一六頁
(27) 外交史料館蔵『外務省記録』「米国ミゾラ州セントルイス市に於て萬国博覧会開設之件」中、一九〇四年（明治三十七）六月八日受第七六九八号　第三八号「報告書提出ノ件」
(28) 外交史料館蔵『外務省記録』「日露戦役関係各国輿論啓発の為末松・金子両男爵欧米派遣一件」第三巻「金子堅太郎米国滞留日記（第一篇）中、一九〇六年（明治三十九）十二月二十八日林董外務大臣宛
(29) Harris, "All the World a Melting Pot?",p.51
(30) Carlson, "Giant Patagonians and hairya ainu",p24
(31) 通運館での合同出品に際しての出資金額

臨時博覧会事務局	五〇〇〇円	鉄道作業局	七〇〇〇円
大阪商業会議所	一〇〇〇円	日本郵船株式会社	六五〇〇円
東洋汽船株式会社	三五〇〇円	日本鉄道株式会社	三〇〇〇円
山陽鉄道株式会社	三〇〇〇円	九州鉄道株式会社	三〇〇〇円
大阪商船株式会社	二五〇〇円	北海道炭坑鉄道株式会社	一〇〇〇円
南海鉄道株式会社	一〇〇〇円	阪鶴鉄道株式会社	五〇〇円
その他の会社及び個人	五一一〇円		
合計	四万二一一〇円		

(32) 前掲『セントルイス万博事務報告第二編』二二〇頁
(33) 前掲吉見俊哉『博覧会の政治学』一八〇頁
(34) 根本寿朗、大杉由香『近代日本経済史』（岩波書店、二〇〇〇年）一三九―一五五頁
(35) Harris, "All the World a Melting Pot?",p.51.
(36) ただし刺繍地図、地理模型の作成途中であった一九〇三年十二月段階において、満韓地方と内地をむすぶ海底電線は、下関―釜

山間の大北会社の一線だけであったが（前掲『明治三十七八年戦役陸軍政史』第一巻、一二七頁）、一九〇四年一月にはいると、京城―釜山間の軍用電信線の増加（当時はすでに二條が存在）、と釜山以南の設備の拡充、釜山―内地間の海底電線の増加が協議された。（同右、一二七―一五三頁）

(37) 小風秀雅『帝国主義下の日本海運―国際競争と対外自立―』（山川出版社、一九九五年）二二五頁

(38) 同右三三三、三三四頁

(39) 前掲「米国ミゾラ州セントルイス市に於て萬国博覧会開設之件」

(40) 前掲『セントルイス万博事務報告第二編』二二五頁

(41) 同右二三〇頁

(42) 参謀本部編『明治三十七八年秘密日露戦史』第一巻（巌南堂書店復刻、一九七七年）九四―一一二頁

(43) 同右九三頁

(44) 千葉功「日露交渉―日露開戦原因の再検討―」『年報近代日本研究一八比較の中の近代日本思想』（一九九六年）、三〇四、三〇五頁

(45) 註（40）参照。

(46) 「日本海」という呼称が、当時どれほど普及していたものかということについても問題であるが、ここでは出品物についての展示法などに焦点を当てることを目的とするので、その問題については立ち入らない。なお「日本海」という名称そのものについての研究は、芳井研一「「日本海」呼称の由来」（『環日本海研究年報』八、新潟大学大学院現代社会文化研究所、二〇〇一年）がある。

(47) 外務省編『日本外交年表竝主要文書』上巻（原書房、一九六五年）二一〇―二一二頁、海軍省編『山本権兵衛と海軍』（原書房、一九七九年）一三四―一三六頁

(48) 前掲千葉功「日英同盟締結後における日露の外交方針」（『日本歴史』五八一）。また対露方針の外交政策形成過程については、千葉の「「満韓不可分論＝満韓交換論の形成と多角的同盟・協商網の模索」（『史学雑誌』一〇六―七、一九九六年）を参照されたい。

(49) その他に紀元節夜会（二月十六日）天長節夜会（十一月三日）が開かれた。

(50) 一八九七年にボストン・アーツ・アンド・クラフツ協会が、一九〇三年にモリス商会（シカゴ）が設立され、『クラフツマン』といった専門誌が出版された。

(51) 日本以外に、陳列落成式を行った国に、フランス、オランダ、ドイツ、イタリア、エジプト、フランス、デンマーク、ハンガリーがある。前掲『セントルイス万博事務報告第一編』三〇一頁
(52) 前掲『セントルイス万博事務報告第二編』四四〇頁
(53) 同右四四六―四四七頁
(54) 宮内省編『明治天皇紀十』(吉川弘文館、一九七四)五九八頁
(55) 一九〇四(明治三十七)年四月五日付小村寿太郎宛高平小五郎駐米公使機密公電一三一号「金子男爵の渡米に関する件」附記「金子男爵使命心得書写」外務省編『日本外交文書』第三十七巻第三十八巻別冊日露戦争V(日本国際連合協会、一九六〇年)六七二―六七四頁

第五章　日本大博覧会計画と日英博覧会

はじめに

日露戦争の最中である一九〇五年六月十七日、清浦奎吾農商務大臣は戦争終結後に万博を開催する旨の建議書を閣議へ提出した。この当時は五月二十七日の日本海海戦での勝利を受け、五月三十日から六月十一日にかけて東京市で十数万人規模の戦捷会や提灯行列などがおこなわれるなど戦捷祝賀の雰囲気があった。(1)また六月九日のルーズベルトアメリカ大統領による日露両国に対する講和交渉開始勧告を受け、十日に日本が、十二日にはロシアがそれぞれ講和勧告に応ずる旨を回答するなど、実際に戦争終結にむけて外交レベルでの協議の開始が予想されるという状況であった。このような中、日露戦争での勝利予想に立ち、それを記念する万博開催の建議を清浦は提出したのである。

これまでに万国博覧会を開催してきたのは、イギリス、フランス、アメリカ合衆国など当時の列強国のみであったことから、万博開催それ自体が列強と同様の一等国であることを示すものであり、また一八八九年パリ万博が革命一〇〇周年を記念し、一九〇四年セントルイス万博がルイジアナ購買を記念していることから、清浦は戦捷記念の国家の祝祭として万博開催を建議したのである。

この建議案を発端として開催が計画されたのが日本大博覧会である。この博覧会は、万博と内国博の折衷型の博覧会として一九一二年に東京で開催されることが予定された。ただし、一九〇八年九月、財政困難を理由に開催の五年延期（一九一七年開催）が決定する。しかしその一カ月後の同年十月には一九一〇年にロンドンで日英博覧会を開催することが決定した。日英博覧会は、日英同盟の強化を目的とした小村寿太郎外相の主導のもと開催が決定され、一九一〇年五月十四日から同年十月二十九日まで、ロンドンのシェファーズブッシュで開催された。ただし開催後は、共催の相手がイギリス政府ではなく一興行師であったことや、博覧会での日本展示の内容への不満などが噴出した。そして日英博覧会の後、政府の財源不足などを理由に日本大博覧会の開催中止が決定された。

日露戦争での勝利を記念して万博開催建議案が出されたが、第三章で述べたように万博開催の動きはこれが初めてではない。くり返しになるが佐野常民は、一八七三年一月に国際博覧会の主催を提言、その後一八七五年にも一八七三年の内容の修正案を提出、一八八一年七月には次回予定されている第三回内国勧業博覧会をアジア博覧会とするという内容を建議した。また西郷従道が第三回内国勧業博覧会を延期して一八九〇年に亜細亜大博覧会を開催する旨を建議したり、第五回内国勧業博覧会も開催計画段階で万博にすることが議題となるなど、万博の開催は明治初期より度々希求されていた。

本章では、これまでの研究でその後の紀元二六〇〇年万博計画を経て一九七〇年大阪万博にいたる戦前の万博計画の一つとして扱われてきた日本大博覧会であるが(2)、そもそも日露戦争での勝利を記念し「万博」としての開催が希望された博覧会が、なぜ万博でなく日本大博覧会としての開催となったのかといったことを、計画された大博覧会の内容や決定経緯過程から当時日本大博覧会の開催にどのような意味を見出していたかを検討し、大博覧会構想とはいかなるものであったかを論考する。大博覧会構想の内容を検討するにあたり、博覧会調査委員会がたたき台とした博覧会構想案などを中心に見つつ、時代を経るにつれ大博覧会開催に対する意味づけや、その計画内容がいかように変容したか、すなわち日露戦後の興奮から生まれた博覧会計画が、日露戦捷の興奮がおさまるにつれ、どのように変わっていったかを論考する。

日本大博覧会が延期された一カ月後に開催が決定した日英博覧会は、当時駐英大使であった小村寿太郎からの日本政府への打診から始まる。これまで万国博覧会および内国勧業博覧会は、殖産興業、貿易の販路拡大といった産業振興政策の一環であるため、農商務省が設立以来その中心となって開催ないし参加に対処してきた。しかし日英博覧会は小村が駐英大使、外相として開催へと主導し、その開催（参加）目的は日英同盟の強化のために両国の親交を深めることとされた。博覧会開催に対する小村の目的は、駐英時代に感じた反日感情への対応策として日本の真の姿を知らしめることであった。

日英博覧会の会場内には、産業品、鉱物など国内産出品のほか、日本歴史館、東洋館が作られたり、余興として日本村、台湾村などが作られ、そこで生産物の製造、即売や相撲興行などが行われた。しかしそのような余興に対して、日本国内から批判が噴出する。

日英博覧会に関しては、日英両国で研究がある。日本では、國雄行「一九一〇年日英博覧会について」が、開催過程と日英両国での同博覧会の評判を紹介し、この博覧会は日本の新聞紙上などで不評であり不成功とされたが、出品そのものを見た場合、それまでの博覧会と比べて人数、点数ともに規模が大きく、充実していたことを指摘した。(3)また有山輝雄は『海外観光旅行の誕生』(4)の中で、朝日新聞から派遣された長谷川如是閑の記事などから日本人が日英博覧会をどうみたのかを評した。一方イギリスにおける研究では、アヤコ・ホッタ＝リスターの『一九一〇年日英博覧会』(5)やアンガス・ロックヤーの「オリエンタリズムのきざし―一九一〇年ロンドン」(6)がある。ホッタ＝リスターは外交の観点から日英博覧会をとらえ、当該時期の日本をとりまく国際状況およびそれに対する日本外交方針を解説しながら、日英博覧会開催までの経緯、準備、開催期間中の展示および余興、それへの日英での反応などを詳細に検討した。ロックヤーは、会場内の日本歴史館や余興などに焦点をあてつつ、イギリスの主催者、日本側事務局、博覧会を訪れたイギリス人、在英日本人などの反応について論究し、展示に抱くそれぞれの認識のずれのありようを指摘した。

イギリスにおける研究にくらべて日本における日英博覧会に関する研究は、万国博覧会でも内国勧業博覧会でもなく、また二国間の博覧会ということからか、他の国際博覧会と比べて研究が十分になされているとは言い難い。そこで本章では、日英博覧会開催決定に至る経緯と、日英博覧会の展示とりわけ日本を説明するために設置された日本歴史館、東洋館、余興、そしてそれらへの日英両国での反応を検討する。

日本大博覧会計画と日英博覧会は、日本大博覧会が延期決定ののち、日英博覧会の開催が決定、そして日英博覧会が開催されたものの批判が噴出したのち、日本大博覧会の開催中止が決定したという関係にある。そこで当時の博覧会をめぐる政治的な環境や、それぞれ博覧会のどのような面を利用しようとしたか、何のために博覧会を開催しようとしたのかを考え、なぜ日本大博覧会は中止となり、日英博覧会が開催されたのかを考察する。

一　日本大博覧会開催決定過程

1　日本大博覧会開催決定過程

一九〇五年十一月、清浦奎吾農商務大臣は桂太郎首相に宛てて以下のような「博覧会開設調査委員設置の件」を提出した。

平和克復の後を俟ち万国博覧会を開設するの件、本年六月十七日を以て閣議に提出致置候処、今般平和克復に付ては、現今の場合之を全然万国博覧会の組織と為すへきか、又は大体内国勧業博覧会として其一部を万国組織と為すへきか、或は純然たる内国勧業博覧会と為すへきかに就き、尚篤と調査を遂け、併せて其開設に関する諸般の準備調査を為すの必要有之候に付、先以て来明治四十年に開設すへき第六回内国勧業博覧会を延期し、農商務省中に博覧会開設調査委員を設け、十分に之か調査を遂くることに致度。就ては、該調査に要する経費として別記計算書記載の全額を来年度予算中に編入し、以て第二十二回帝国議会に要求する様致度此段至急閣議を請ふ。(7)

冒頭の内容から、清浦農相がすでに六月十七日に「平和克復の後を俟ち万国博覧会を開設」する旨の書類を閣議提出していたことがわかる。そして実際に日露戦争が終結した今、万博ないし内国勧業博、もしくはその折衷の博覧会のいずれかの規模で博覧会を開催することを建議し、そのために一九〇七年（明治四十）に開催が予定されている第六回内国勧業博覧会の延期を求めた。つまり清浦農相は、日露戦争の最中に勝利を予測して万博を建議し、戦争終結後には万博にこだわらず、内国博とするかその折衷とするかなど規模を調査の上で博覧会を開催することを建議している。つまり前者は日露戦争の戦勝気分からの国家の祝祭イベントとしての万博開催建議であり、後者は戦勝記念するイベントとして博覧会を開催したいが財政や国家の疲弊具合などの現状からみて、開催規模の調査の必要性を認識した上での建議であった。

この建議を受け、十二月二十七日に第六回内国博の中止と、博覧会調査委員を設置して調査させるという旨が閣議で承認され、(8)翌二十八日、勅令第二八四号で第六回内国勧業博覧会の無期延期決定が公布された。(9)

ただし万博開催の建議を提出したのは清浦だけではない。一九〇六年二月二十七日、万国博覧会開設に関する建議が竹内正志、森本駿、臼井哲夫ほか九四名により提出された。

日露戦役は、振古無前の壮挙にして、国光列邦に輝き、威武坤輿に震撼す。洵に曠世の大業千載の一時なり。乃ち、爾今国家の責任、更に幾層の重きを加へ、国民の富力に須つもの、多々倍々急且大ならむとす。此秋に際し、朝野一致鋭意して、生産の振興を謀り、大に国富の増進に力め、以て平和の戦闘に全捷を収むる途を講するにあらすむは、焉ぞ能く戦勝の光栄を無窮に伝え、興国の大規模を確立することを得むや。今や平和既に克復す。戦後経営の喫緊要務として、施設賛画すへきもの固より枚挙に遑あらすと雖も、万国博覧会を開設し、以て帝国の文化、工芸を普く世界列国に紹介すると倶に、我か実業家に列国の文化、工芸、美術、教育等の進歩状況を目撃せしめ、之に因つて、彼我の優劣長短を考較査察し、以て大成完美を他日に期するより、急且善なるは莫し、政府は速に之か設計を立て、以て国力の発展上に違算なからむことを努むへし。(10)

日露戦争で勝利を収めた今、万博を開催することで現在の日本のありようを列国に示し、かつ日本と列国の状況を比較してさらに国力を発展させるべきとの建議である。この建議は、第二十二回帝国議会の衆議院で委員会が開かれ、三月三日、五日、八日の三日間協議された。政府委員として委員会に出席した岡本英太郎農商務書記官が、政府としては「此御建議に付きましては、反対は致しませぬ(11)」と述べ、さらに次回開催する博覧会については万博とするか、従来の内国勧業博覧会のようにするかなど規模や体裁の調査が政府内ですでに決定していると説明した。(12)この建議案は、三月八日の委員会で賛成多数で可決され、同月十日、衆議院本会議でも可決された。

三月三十一日、勅令六一号で博覧会開設臨時調査会官制の裁可(13)と勅令六二号で博覧会開設調査に関する臨時職員設置の件(14)が公布された。万博開催建議が衆議院で可決された後のことだけに、この建議を受けての勅令という印象を与える。しかしながらこの勅令の内容は、あくまで前年十二月二十七日に閣議決定された内容を受けた臨時委員設置の勅令であり、この直前に衆議院で可決された万博開催建議案への対応ではなかった。

この勅令を受け、一九〇六年六月十四日、農商務省内に博覧会調査委員会が設置された。委員長に和田彦治郎農商務次官、委員には万博建議案を提出した森本駿、竹内正志、東京市長でもあった尾崎行雄ら衆議院議員のほか、農商務省関係を中心とする官僚、貴族院議員が任命され、万国博覧会とするか、内国勧業博覧会とするか、その折衷とするかの三案について協議された。

委員会での協議は、一九〇六年六月四日、松岡康毅農相から寺内正毅陸相に送られた博覧会に関する参考資料からその内容が推察できる。(15) 表紙に松岡農相から寺内陸相に宛てて「別紙博覧会に関する調査書類得御内閲度及御送付候条、御査収相成度候也」とあり、別紙として博覧会に関する参考資料が添付されていることから、この資料は博覧会調査委員会のために農商務省が作成したもので、委員のほか首相や各大臣にも配布されたと考えられる。この中で以下のような三案が提示されている。

第一案は、性質を万国博覧会とし、出品陳列館は、本邦政府に於て設備するものとす。

第二案は、工芸品及機械は外国に勧誘して、其出品を本邦政府の設備する工芸館又は機械館に陳列せしめ、東洋諸邦の出品は東洋館を設備して之を陳列せしめ、其他の外国出品あるときは、外国政府又は人民をして、自費を以て陳列館を建設せしむるを本則とし、自費建築の出来難きものに付ては、外国館に陳列せしむるものとす。

第三案は、純然たる内国勧業博覧会とし、外国の出品を勧誘して、東洋諸州の出品は東洋館に、其他の国の出品は外国館に陳列せしむるものとす。但し外国品を参考として、出品せしむるものとす。(16)

第一案は、これまでに欧米で開催されてきた万国博覧会の開催である。第二案は内国勧業博と万博の折衷型で、工芸品や機械部門は諸外国の参加を認め、それ以外はこれまでの内国勧業博覧会同様日本国内からの出品のみとし、東洋からの出品物は東洋館に陳列するというものである。第三案は従来の内国勧業博覧会としての開催で、会場内に東洋館と外国館を設置するというものである。それぞれの予算は、第一案は八八三万七九一五円、第二案は七八一万五六二五円、第三案は六二四万一一〇円である。

また資料中の「次回開設すへき博覧会の調査に関する資料」[17]の冒頭に「次回博覧会に関する世間の希望」がある。そこには一八九八年の農商工高等会議で、明治四十年に万国博覧会を開設すへきことが議決されたこと、第五回内国勧業博覧会は外国製品のために参考館を設けることで将来の万国博開催という希望を満たしたこと、一九〇五年十月に全国商業会議所連合会が万博開設を議決したこと、さきの衆議院第二十二回議会で森本らから万博開設建議が提出されたことなどこれまでの万博開催希求の動きが説明され、さらに一八九八年の農商工高等会議での議決や、衆議院に提出された万国博覧会開催建議などが添付されている。[18]

調査委員会での協議ののち、最終的には万国博覧会開催が少数、万博内国博折衷での開催が多数となり、折衷型、すなわち第二案での開催が採用された。七月二十三日、調査委員会委員長である和田農商務次官は松岡農相に、「其規模は万国内国両博覧会の中間に位する大博覧会と為し、其組織は官設とするを可なり」との決定にいたり、名称を日本大博覧会とし、東京で開催する旨の調査内容を報告した。[19] すでに前年十二月二十七日に第六回内国勧業博覧会の中止の公布も含め、折衷型での開催決定は純然たる内国勧業博覧会との決別の意味であった。

さらに和田は、日本大博覧会への諸外国からの訪問客を迎える場合を想定し、首都としての東京を整備する必要性から、委員会の決定した開催地附帯事業として道路橋梁の新設および修繕その他交通機関の整備、水道および排水、場外の撒水、掃除ならびに電燈および瓦斯などの整備、公会堂、旅館および馬車、芝居音楽堂其他娯楽場の設備、博覧会の賛助に関する各種協会の設置、その他内外人接待に要する施設の設置を提示した。[20]

七月二十八日、松岡農相は西園寺公望首相に「次回開設すへき博覧会に関する件」として和田からの内容を報告し閣議を請求し、(21)一九〇六年十二月二十一日、日本大博覧会という名称で万国博覧会と内国勧業博覧会の中間程度の規模で開催し、開催地を東京とすることが閣議決定された。(22)

ところがこの閣議決定後、再び万博開催決議案が提出され、一九〇七年二月七、八日衆議院委員会でその内容が協議された。この建議案は前年三月に「万国博覧会開設に関する建議案」を提出した森本駿が再度提出したものである。森本は提出理由を、国力発展のために万博開催を建議したが日本大博覧会にはその精神が全く採用されておらず、一部を万国博とするとしているが大部分で諸外国に門戸が開かれていない内国博の類であり、国力発展のためには「純然たる万国博覧会とすべきが、適当のものと信じて居る次第」と述べた。(23)

森本の提出理由に対して、博覧会調査委員長を務め、また政府委員としてこの委員会に出席した和田彦次郎は、そもそも森本らが前年に提出した万博開催建議を受けて調査、協議して日本大博覧会の開催を決定したわけではないと決定経緯を説明し、「一部の万国的のものにして、従来の内国勧業博覧会よりは更に大なるものを開くのが、今日日本の程度に於て適当であらうと云ふ意見よりして、日本大博覧会と云ふ名称の下に従来の勧業博覧会より大に面目を改めたものにして、純然たる万国博覧会でない程度のものを開くと云ふことが、多数の決議でございます。」と回答した。(24)さらに、和田は日本大博覧会という名称のもと折衷案を採用した理由を五つ列挙した。第一に、現在の状況で万博を開催しても十分な効果を得るのが困難であること、第二に日露戦争の勝利により一等国と並びうる国となったが、欧米各国が開催してきた過去の万博同様のものは、現在の財政状況では開催できないこと、第三に万博の主要な出品物である商工業で欧米との差がいまだ大きく、出品物の競争では日露戦争のような勝利は得られないこと、第四に万博開催は未経験であり、その前段階として折衷型を開催して戦後の発展に努めるのが得策であること、第五に万博開催の準備は時間がかかるが、折衷型なら戦後経営の一環として適当であるという五つである。[25] 清浦が最初に建議したさいに見られた日露戦勝を記念する博覧会開催という主旨は消え、日露戦争に勝利したが、未だ欧米との差があるという認識にたっての折衷型での開催決定である。

なお、この万博開催建議案は採決の結果、満場一致で可決され、さらに二月十四日の衆議院でも可決された。[26] 万博開催建議案の可決を受け、二月二十七日、松岡農相は西園寺首相に、すでに一九〇六年十二月二十一日の閣議で日本大博覧会という名称のもと、内国勧業博覧会と万国博覧会の折衷規模で開催することが決定されていることを理由に、この建議の不採択を決定する閣議を請求し、[27] 三月八日、閣議でこの建議案は不採択が決定された。[28] その後三月三十一日に博覧会開設臨時調査会は廃止され、[29] 同日勅令第一〇二号で、一九一二年四月一日から十月三十一日まで日本大博覧会を東京府で開催することが公布された。[30]

さらに四月二十四日、林董外相から日本駐在の各国大使、公使、および各国駐在の日本大使、公使へ一九一二年に日本大博覧会が開催されることが決定したという旨が通知された。そこでなされた日本大博覧会に関する説明は、以下のようなものであった。

日本大博覧会は政府の経営に属し、日本に於ける空前の最大博覧会たるのみならず、万国博覧会の称呼を用いさるも、尚ほ其規模及設備に於て宏大の設計を立て、能く之を施行し、世界の政府及人民の参同を歓迎し、優に万国博覧会の実質を具備せしめんことを期す。[31]

通知では日本大博覧会をGrand exposition in Tokyoと英訳されたが、これはイギリスでのGreat exhibitionやアメリカ合衆国でのWorld's Fairという万博の通称とは異なる。ただし名称は異なるが日本大博覧会を実質的な万博として説明していることから、諸外国に向けて実質上の「万博」を開催し得る国家となったことのアピールが開催の目的の一つであったことが伺える。

八月二日、農商務省告示第一八三号で、農商務省内に日本大博覧会事務局を設置することが公布され[32]、翌八月三日総裁に伏見宮貞愛親王、会長に金子堅太郎、事務総長に和田彦次郎が任命された[33]。事務局は、職員の多くを農商務省からの移籍、出向者が占め、当分の間農商務省内に置かれた。金子堅太郎は一八七六年のフィラデルフィア万博、一八八九年のパリ万博、一九〇四年のセントルイス万博を訪問し、また一八九三年シカゴ万博の名誉評議員であり、一九〇〇年パリ万博には準備段階で博覧会委員長（農商務次官として兼務）を一時期務めるなど、これまでも万国博覧会に関してさまざまな経験を持っており、博覧会会長就任後は八月九日から日本大博覧会に関する講演を度々行った[34]。

開催都市は東京と決定されたが、具体的には、上野、月島（越中島方面）、青山方面の三箇所が候補としてあげられ[35]、陸軍省所管の青山錬兵場を博覧会用地として買上げ、そのお金を資金に郊外に二倍の敷地を購入して新たな錬兵場を建設するという協議が陸軍省と農商務省との間でなされ、一九〇七年九月二十七日、寺内陸相と松岡農相の両名からその旨を主旨とする閣議請求がなされた[36]。その後十一月六日に青山が会場地として正式に決定し、錬兵場は約一八〇万円で購入された[37]。

一九〇八年にはいると、二月二十七日に法律第五号で日本大博覧会出品外国貨物免税に関する法律が[38]、三月二十日に法律第二二号で出品されるものの発明、特許の登録に関する法律が公布されるなど[39]、出品に関する法整備がすすんだ。六月二十七日には「日本大博覧会規則」および「出品部目録」が公布され[40]、会場を青山、代々木とし、期日を一九一二年四月一日から十月三十一日、出品部は二一部門とし、一六の陳列館を設置、そのうち諸外国からの参加は教育、学芸、機械、工芸品、電気の五部門とすることが正式に公布された。折衷案として設置委員会案第二案にもりこまれていた東洋館は採用されなかった。

2　日本大博覧会の延期

一九〇七年十一月十八日、『東京朝日新聞』で、現在の財政状況からみて大博覧会は延期したほうがよく、また明治五十年の開催とすれば天皇の即位五十年の祝典ともなるという話が政府や元老会議の問題となっていることが伝えられた(41)。さらに十一月二十九日にも「大博覧会延期説」として同様の記事が掲載された。政府は延期説を打ち消したたが(42)、この延期説は当時の松田正久法相が主唱したもので、原敬内相や政友会の首脳たちも同意していたようである(43)。また、松田や原のほか十二月十六日には井上馨も財政難を理由に五年延期する旨を西園寺首相に意見したが(44)、その後延期説は立ち消えとなった。博覧会長である金子は当時おこなった演説の中で、外交上の理由から博覧会が延期されることはないと述べた。

都下の新聞紙に之を明治五十年に延べると云ふことが出て居りますが、是は私は決して無いこと、考へます。殊に一度政府の名を以て各国に向つて参同を求め、各国よりも亦之に対して参同を承諾したる回答が到着した今日に及んで、又之を述べたときには、日本政府の威信は之を如何にするでありませうか。吾々博覧会当局者として、啻に之を悲むのみならず、日本国民として、万国に案内状まで出して置きながら、今更之を延ばすやうなことがあつては、日本の信用は無くなるのであります。博覧会の延期は五年遅く成る丈けで、尚ほ忍ぶべしとするも、之より生ずる経済上、外交上の不利益は測り知るべからざるものがあるのであります。況んや前申す如く博覧会は外交と経済とを密着して、外国人は今日観察して居るのである故に、此事に付ては決して廟議も変はることはないと確信して居るのであります(45)。

金子がこのなかで例示した諸外国からの参同とは、アメリカ合衆国からのものである。

十二月三日、ルーズベルト大統領が議会教書の中で日本大博覧会への参加に言及し、同月七日に参加を公式表明した。アメリカ合衆国の参加発表は、外国からの初めての参加表明であったというだけでなく、当時の日米関係において重要な意味をもった。というのも当時日米両国間では、アメリカ合衆国西海岸における移民排斥問題の浮上や、日米戦争が勃発するのでは、という記事が新聞に掲載されたり、また満州問題への取り組みをめぐる外交面などでさまざまな問題を抱えていた。(46) つまりアメリカ合衆国が参加表明した直後に延期を発表することは避けた方が良いとの外交的判断から、延期説が立ち消えとなったのである。

その後一九〇八年六月二十七日には博覧会規則が公布されるなど準備がすすめられたが、九月二日、勅令第二〇七号で一九一六年（明治五十）への開催延期が公布された。(47) 交通機関など関連施設の建設が間に合わないが、一九一六年が天皇即位五〇年にあたるので延期することで諸般の設備を完成させ、万国博覧会としての内容を備えられるというのが延期の理由であった。(48)

六月末の博覧会規則公布から九月初旬の延期公布までの間には、七月十四日に第一次西園寺内閣から第二次桂内閣へ政権が交代している。それゆえ内閣の交代による政策方針の変化が延期決定要因として考えられる。(49) 開催延期を決定した第二次桂内閣は同年十月十三日、日露戦後の財政困難な状況にさいし、地方農村の改良や行財政整理などを主題とする戊申詔書を発布する。日本大博覧会は、首都としての東京の社会基盤の整備をその公益の一つとしたが、戊申詔書の発布にあらわれたように、第二次桂内閣は平田東助内務大臣を中心に社会基盤整備の対象を全国の町村とした。無論第一次西園寺内閣のころから地方改良運動は行われていたが、第二次桂内閣は、より強く推し進めることをその方針とした。(50)

つまり、列強と並ぶ一等国の首都としての東京の社会基盤整備よりも地方全体の改良が政策の基本となり、その結果日本大博覧会の延期を決定したと考えられる。

ただし、日本大博覧会開催延期が発表されたほぼ一カ月後、かつ戊申証書発布の三日後の十月十六日、一九一〇年にロンドンで日英博覧会を開催することが決定される。したがって、日本で万国博覧会に準じた博覧会を開催するよりも、日英二カ国による博覧会の開催に価値を置いたとも考えられる。詳細は次節にゆずるが、日英博覧会は第二次桂内閣で外相を務めた小村寿太郎の主導によるもので、その根底には日英同盟を主軸とする外交方針があった。

なお、日本大博覧会の延期は、伏見宮博覧会総裁、金子会長や博覧会評議員らには相談されず、大浦兼武農相が中心となって決定した。中止決定に至る経緯について、一月二十三日の第二十五回帝国議会衆議院予算委員会で元田肇が、噂とことわりつつも大浦の独断による決定なのかを確かめた。これに対し大浦農相は、評議員に諮問しなかったのは「時宜でない」と自身が判断したからであると答えた(51)。さらに二月十日の予算委員会でも元田が同様の内容を再度質問したところ、桂首相が、政府もこのような措置はとりたくなく、外交においても止むを得ない場合があったと述べるにとどまり、詳細な経緯は述べなかった(52)。おそらく金子らに相談はなく、桂首相、大浦農相らで延期が決定されたのであろう。

延期決定後、伏見宮、金子、和田はともに延期決定後に辞任を表明、伏見宮、金子は受理され、和田は一九一一年六月までその任にとどまったがその間、日英博覧会の事務官長を務めた。

二　日英博覧会

1　日英博覧会開催経緯

日本大博覧会開催延期が発表されたほぼ一カ月後の一九〇八年十月十六日、一九一〇年にロンドンで日英博覧会を開催することが閣議決定された。この博覧会は、小村外相が駐英大使をしていた一九〇八年一月九日、当時の林董外相に「日英博覧会の計画に関する件」として、その開催計画を伝えたことに端を発する。(53) 小村が日英博の開催を提唱するにいたったのは、ロンドンの博覧会興行師キラルフィーからの開催申し出を受けてのことであった。

キラルフィーはユダヤ系ハンガリー移民で、一八九〇年代からアメリカ合衆国で開催された博覧会において帝国主義的なテーマでの興行を主催するなど、この当時イギリスにおける最も有力な博覧会興行主の一人であった。(54) 一八九五年にロンドン博覧会会社を設立し、ロンドンに土地を購入、一八九五年インド帝国博覧会、一八九九年大英帝国博覧会というようなオリエンタリズムの様相を前面に打ち出した博覧会を開催した。一九〇三年、シェファーズブッシュに二四エーカーの土地を購入し、その地で一九〇八年に英仏博覧会を開催した。(55) そして英仏博の施設を利用して翌一九〇九年に日本博覧会を開催することを計画し、小村に打診したのである。キラルフィーの計画について小村駐英大使から林外相へ、以下のように伝えられた。

　而して氏（筆註、キラルフィー）の考にては、日英両国の関係に鑑み、仏国に於けると同様此種の博覧会を開催するは最も望ましく、早晩必ず此挙なかるべからざる次第にして、其成功は大体に於て疑なきを以て、日本に於ても大博覧会の開催を眼前に控へ居る今日、多少の困難あるべきは疾く了解し居れりと雖も、（中略）且つ若し明年倫敦に於て日本博覧会を開催せば、来るべき本邦大博覧会を各国に照会吹聴する点に於て亦色々の便益可有之[56]

このように日本博覧会をロンドンで開催すれば、日英関係の面からだけでなく、この時点では開催予定であった日本大博覧会を各国に知らせる面でも利点があると説いている。小村は林に「現下の日英関係上利益多かるへしと思考す」[57]と述べ、日英関係のために博覧会開催は益があるとして意欲的であった。その背景には、駐英大使時代に感じた反日感情がある。黄禍論のみならず、アメリカ合衆国内での日米開戦論など反日感情が欧米で広まっていた当時の状況を鑑み、小村はこの博覧会が日本の真の姿を広める契機となると考えた。一方林は、キラルフィーの目的が日本博覧会として日本風俗を見世物のようにすることではないかと危惧していた。というのも一九〇二年、林自身日英同盟締結のためロンドンに滞在していたおり、キラルフィーから日本博覧会開催の提案を受けていたからである。林は「博覧会の件は、本官貴地在任中、同人より申込みしことありしか、当時の計画は日本風俗の実体を示すを目的とし、博覧会と謂ふよりは寧ろ、みせ物的なりしを」[58]と述べ、見世物興行として開催されるのではないかということを危惧した。そこで小村にどのような博覧会かを尋ねたところ、「今回の計画は全く従来のものと異なり、頗る真面目にして彼の『アールスコート』の類にあらす。又先方より最初の申出は、単に日本博覧会とのことなりしか、更に問合たるに、若我政府に於て希望せらるるならは、日英博覧会となすことも出来候へし。[59]」という回答があった。

文中の「アールスコート」とは、一九〇七年に開催されたバルカン半島博覧会での「日本村」のことを指す。これは櫛引弓人ら興行師が関与した見世物興行で、「アールスコートの類にあらず」ということは、見世物のような「日本村」興行の類ではないという意味である。また当初キラルフィーが申し出たのは「日本博覧会」であったが、小村は「日英博覧会」としての開催を考えており、日本側がのぞむならば、キラルフィーもそれに同意するようであった。[60]

その後、一九〇八年七月十四日の第二次桂内閣の成立により、小村は外務大臣に就任、帰国する。小村外相の外交方針は日英同盟を核にしたものであり、その先には一九一〇年にせまる条約改正があった。そして十月十六日、日英博覧会の開催が閣議決定される。閣議決定で述べられた小村の方針は以下のようなものであった。

帝国政府は曩に日英同盟の帝国外交の骨髄たることを確認し、今後該同盟を厳守すると同時に、日英両国の関係を益々日英同盟の関係を親密ならしむるの方針をとるへきことを決定せり。然るに、両国国交の親善を計るに方りては、啻に両国政府間の親交を敦くするを以て足れりとせず、更に両国国民をして事実に於て其親睦の至情を表彰せしめ、以て其結合を鞏固ならしむることを必要なりとす。（中略）日英両国の民間の親睦を事実的に表彰するは、両国国交上必要なる所にして、日英博覧会の開催の如きは右の目的を達する為最適当の方法と認むるを以て、帝国政府に於ては此際、明後年を以て該博覧会を開催することに決定し、英仏協調の紀年たる英仏博覧会会場に於て、日英両国国民の生産物を陳列公示し、以て両国の親交に資することを適当なりとす。(61)

日英同盟を主軸に外交を考える小村にとって、日英博覧会は日英関係を強化するものであった。これまでの外国で開催される博覧会への参加は、技術導入、貿易の販路拡大などを目的としたものであったが、小村は、在英大使時代に感じた黄禍論、反日感情をやわらげることが今後の日英外交上で重要と判断し、それゆえに外交上、民間の親睦を博覧会の開催目的としたのである。

一九〇九年一月、和田日本大博覧会事務官長は、別府丑太郎事務官とともに、延期が決定した日本大博覧会への参加誘致と、開催にむけた各国視察のため、イギリスとアメリカ合衆国へ出発した。一月四日、ロンドンに到着した後、和田は山座円次郎代理駐英大使、陸奥広吉書記官とともにキラルフィーと日英博覧会の契約協議を開始した。二月十三日に協議内容を携えて別府事務官が帰国、大浦農相、小村外相らが契約草案に仮契約調印をおこなった。その後日英博覧会参同費一八〇万円の経費予算が第二十五回帝国議会に提出された[62]。

三月四日、大浦農相は予算委員会で日英博覧会参加理由を「我国と英国の通商貿易を発達促進せしめ、且両国間の和親を一層強固ならしむるため[63]」と述べた。前述のように博覧会開催を主導した小村は、日英博の開催目的をイギリスにおける民衆レベルでの反日感情の緩和としたが、博覧会は農商務省所管ですすめられる事業であるため、日英の通商貿易の発達促進ということもそこに含まれることになった。ただし委員会で政府委員として答弁した押川則吉農商務次官は、出品物や出品方針として日本庭園や喫茶店を建築するほか、「日本の古来の歴史上の出品物も或一部に致し、其他美術、工芸、教育並に産業に関するところの諸出品を致しまして、今日英吉利などで知られて居るよりも、尚以上に日本の真相を知らしめたいと云ふ積りで、出品の方針を取りたい[64]」と述べた。この出品方針からは、産業、貿易促進というよりも、今以上に日本を知らしめたいという、小村の方針がみてとれる。

三月六日の予算委員会で「日英博覧会は日英の国交上及産業上共に必要のことなる[65]」との説明により、予算一八〇万円（のちに二八万円追加）で可決された。さらに四月七日、日英博覧会事務局が農商務省内に設置され[66]、同月二十七日、日英博覧会出品規則が公布された[67]。博覧会総裁に大浦兼武農相、副総裁に松平正直、名誉副総裁に伏見宮貞愛親王が就任した。また日本大博覧会事務官長であった和田は、日英博覧会の事務総長との兼任となった。

予算委員会では開催を否定するような意見はなかったが、イギリス側の主催が政府ではなく一興行師のキラルフィーであることについて質問があった。それに対し押川農商務次官は、各国の博覧会は大概私企業が主催しており、「従来英国では博覧会を政府でやった例は殆どない、又補助致した例も殆どない、全く私設と云ふことになって居りますけれども、実際に於ては英国の国に大勢力を有して居るところの人達の組織になるのでございますからして、先づ是は日本政府が国として賛同致しても素より少しも差支ないものと思ふのでございます[68]。」と述べた。

実際には、イギリス政府は日英博覧会をどう位置づけ、どれほど関与しようとしていたのであろうか。一九〇九年四月七日、加藤高明駐英大使は日英博覧会に関するグレイ外相との協議内容を小村外相に報告した。その中で、加藤駐英大使はイギリス政府の協賛を要請したが、グレイ外相は冷淡な態度であり、「英国政府は、如斯企画に対し補助金を与へたる先例なし。」と述べたと報告した。(69) グレイ外相は会談で「日英同盟に対する当国人の『インテレスト』を維持増進する上に於て、本博覧会は効果あるものと信ず。」(70) と発言したが、イギリス政府が補助金などを出すことはなかった。

2　日英博覧会での展示——日本歴史館・東洋館・政府/省庁出品館・興行

(1) 日本歴史館

日英博覧会は、一九一〇年五月十四日から同年十月二十九日まで、ロンドンのシェファーズブッシュで開催された。日本の出品物は、一号館（日本工業館）、二号館A（日本園芸館）、三号館（日本景色館）、一二号館（日本歴史館）、一三号館（日本織物館）、二一号館の日本の部（日本富源館）、二三号館（東洋館）、二四号館（日本政府各省出品館）、三六号館（台湾喫茶店）、四七号館（日本婦人製作品、教育、山林、美術工芸館）の中に展示された。そのほかに、日本庭園（日本平和園と日本浮島園）が造られ、庭園内には日本喫茶店が設置された。出品人数は一一二六人、出品点数は約五万四七〇〇点であり、一九〇四年セントルイス万博の約一二万点には及ばないが、一九〇〇年パリ万博の約二万三〇〇〇点よりは多い。

一方イギリスの出品物は、七号館（官庁出品・ホール・オブ・サイエンス）、八号館（ロンドン市参事会出品）、一四号館（風俗出品）、一九号館（貴金属出品）、二八号館（楽器類）、四八号館（通運部出品）、四九号館（機械館）、五一号館（ニュージーランド館）であった。

一九〇九年四月、大浦農相が以下のような官庁出品方針を述べた。

日英博覧会に於ける我出品は、従来万国博覧会に出品したるが如く現時に於ける我文化、富源及産業の情態を示すの外、特に此の発達の由来淵源を充分明にする為に、

第一　文教の沿革
第二　古美術
第三　各産業の発達
第四　兵制交通其の他諸制度の沿革
第五　風俗の変遷

に付、時代に分ちて歴史的に展示するの必要あり。(71)

このように、現在の日本が、いかに「発達」を遂げてのものであるかを示すために歴史的に展示することを方針とした。この方針のもと作られたのが「日本歴史館」である。

日本歴史館（一二号館）内では、日本の歴史を説明するため、上古（第一区）から奈良朝時代、平安朝時代（二区画）、藤原時代、源平時代及足利時代末、鎌倉時代、足利時代、桃山時代、徳川時代（二区画）、現代の一二区画に分けられ、それぞれの時代の風景を背景にして衣装を着けた人形が設置された。人形の着用する衣装、甲冑そのほか楽器、輿車など調度品は東京帝室博物館、東京美術学校などから借用され、風景は五姓田芳柳（二世）が描き、全体の設計は関保之助が担当した(72)（写真4―18）。

それぞれの時代について、『事務報告』で以下のように説明されている。(73)

上古　植民拓地は列聖の遺訓なるを知らしめむとて上古九州より畿内に遷移ありし時の体を作り、建築、風俗、武器等の古風を示す。

奈良朝時代　韓漢二国と交通し、仏教の輸入ありて初て寺院の建築あり。遂に奈良七代の盛世に達せし時の風を作り、当時の建築、風俗、楽器等を示す。

平安朝時代　宮殿建築と交通器具及当事貴賤の風俗等を示す

写真4　歴史展示（上古）中央は神武天皇（畿内到着の様子・背景に丸太舟）（出展：『日英博覧会事務所報告』以下同）

写真5　歴史展示（奈良時代）背景に寺院

写真6　歴史展示（平安時代）背景は応天門その後ろに太極殿

写真７　歴史展示（藤原時代）

写真８　歴史展示（源平時代）

写真９　歴史展示（足利時代）

写真 10　歴史展示（足利時代）

写真 11　歴史展示（鎌倉時代）

写真 12　歴史展示（桃山時代）智積院又は三宝院の様子

本邦古楽の外に三韓印度支那等の楽を伝へて、今却て其本土には亡ひたるを以て特に之を示す

藤原時代　縉紳第舎の建築、庭園、舟、饗宴、音楽等の体を示す

源平時代及足利末武装　城塞の古製及武装馬装等を示す

鎌倉時代　古来公卿縉紳及武士の間に行はれし狩猟の娯楽と富士の裾野の景を示す

足利時代　上下を通して賞玩せし能楽の状を示し、第四（筆注、平安朝）、第十（筆注、徳川時代）等と対照して本邦歌舞の全体を知らしむ

写真 13　歴史展示　茶室

写真 14　歴史展示（徳川時代）遠景に清水寺

写真 15　歴史展示（現代）皇居二重橋前の様子

写真 16　歴史展示（現代）皇居二重橋前の様子

写真 17　歴史展示（現代）中央が乃木希典、握手するイギリス大使マクドナルド、その右に東郷平八郎

写真 18　歴史展示（現代）皇居二重橋の様子

桃山時代　足利末に方り、豊臣氏起て豪華の風を好み、建築、装飾に一変化を生したる書院飾あり。庭園も足利以来変化して、藤原時代とは異りたる風をしたるを示し、併て武家式正の饗饌の式を知らしむ

徳川時代　春季観桜の体及乗物の類を示し、第三（筆注、平安朝）の乗物と参照せしめ、衆人娯楽絃歌の状を見せしむ

茶室　足利以来の特技たる点茶式及其の建築、庭園、器物の配置等を示す

現代　　宮城二重橋辺、万民歓呼各国人士貴賎群集の体を示し、現今の風俗及交通器具、建築等を見せしむ

時代説明は、それぞれ英訳され展示物の脇に解説として掲示された。

この展示における現代は皇居周辺、桜田門のあたり、日比谷公園などを背景、遠景とし、日英両国の国旗がついた提灯が飾られたり、イギリス大使マクドナルド夫妻、乃木希典と東郷平八郎をモデルにした人形が設置された（写真17）。また日英両国旗が掲げられた門の前で両国旗を掲げて祝う男の子の人形もあった（写真18）。つまり日本歴史館は、対ロシア戦争に勝利し、イギリスと同盟を結ぶ国である日本の歴史、風俗などを観客に説明するためのものであった。

この館に対するイギリス人の反応であるが、イギリスでもさまざまな新聞でいく度もとりあげられている。例えば、一九一〇年三月二十四日付デイリー・グラフィックの記事「西洋での日の昇る国」では、歴史部門を「最も感服を受けるスペクタクルの一つ」と紹介された(74)。

(2)東　洋　館

東洋館の名称で呼ばれた二三号館では、台湾、韓国などの展示が行われた。

台湾総督府の出品としては、館内に「支那的轅門」が建設されたり、茶、木竹材、樟脳が展示された（写真19）。そのほか台湾島の模型、台湾における鳥獣、昆虫などの標本、統計などの展示や(75)、「茶園に於ける茶摘の状況」（写真20）と「本島蕃人各種属の日常動作の模型」がそれぞれ風景を描写した絵画を背景に茶摘みや日常生活を送る様子の人形が置かれた（写真21）。

韓国統監府の展示では、韓国全土の模型、韓国家屋模型、韓国人の人形、新羅、高麗時代の土器、絹織物、農産物

が出品され、宮殿や学校などの写真が飾られた(76)。（写真22）

関東都督府の出品物は、繭、糸、織物、豆油、豆かす、米、豆など満州特産物の標本であった（写真23）。

準官庁出品として南満州鉄道株式会社からの出品物が展示された。（写真24、25）展示の中心は、支那式鼓楼で、側面や楼上に急行列車進行写真、食堂車並に寝台車内部の写真、鉄道沿線風景写真が展示された。そのほか「支那人の人形」が置かれたり、大豆、豆粕を満載した運搬舟の模型や産出された石炭なども置かれた(77)。

写真 19　台湾総督府展示

写真 20　台湾展示　茶園模型

写真 21　台湾展示　生活状態模型

写真22　韓国統監府展示

写真 23　関東都督府展示

写真 24　南満州鉄道株式会社展示

写真 25　南満州鉄道株式会社展示　正面

このように東洋館内で展示された地域は、台湾、韓国、満州である。台湾、韓国については、当時の状況からすれば日本領域であるゆえ日英博覧会の日本展示としても反発を招くことはない。しかし「東洋館」とはいえ満州を展示とすることは、諸外国から展示中止などの反発を招く可能性がある。

満州を展示することについては、開会の前年である一九〇九年十一月十一日、加藤駐英大使から小村外相に、「タイムス」に掲載された日本の展示物紹介の記事に、満州の生産物や、清国人が満州産の大豆、豆油、豆糟を製造、運搬する様子の模型などが展示されるとあるがそれは事実か、という問い合わせがあった。さらに加藤駐英大使は以下のように述べ、小村外相に展示の再考を促した。

抑も日英博覧会と云へば、其字義の明示する如く、日本並に英国の物品を陳列するの博覧会として、一般に解釈せられ居候のみならず、殊に其日本部の出品は日本政府の認可なせるものなるが故に此部に於て満州古代建築の模型、其他満州産の物品を陳列するに於ては、清国人は勿論、欧米人に於ても如何にも日本が満州を持って我が物顔に振舞ふ様に感ぜらる可く、殊に各国共満州問題に就ては、神経著敷過敏となり居れる今日、本件は頗る面白からざる結果を生ずるにならざる乎。(78)

各国への影響を考慮して、日本部での満州に関する展示を取りやめるようとの助言である。十二月二十日、大浦農相は小村外相に宛てて、満州については関東都督府の出品ではなく南満州鉄道株式会社の出品であり、乗客招致のために南満州鉄道株式会社の営業状態と鉄道沿線の風景を展示していると説明する。日本領域としての満州展示ではなく、南満州鉄道株式会社の活動の展示という論理である。さらに、列強各国の汽船会社もこれまでの博覧会で同様のことを行っているとの回答を寄せた。(79)

この満州展示については、開会前の一九一〇年四月二十九日、駐英清国公使がカールトン伯に使いを送り、展示を取りやめて欲しいという旨を伝えた。奉天の鼓楼、満州の出品などが東洋館の中で展示されると、満州と台湾、韓国を同一に扱っているように淅江省の人が感じて心痛を激昇させるであろうし、その結果日清両国の関係を傷つけることになる可能性があるというのがその理由である。満州が日本領ではないことを理由にするのではなく、台湾、韓国と同一に扱われるのが、淅江省の人の心痛をひきおこし、日清関係にひびがはいるという論理である。この件に関して加藤駐英大使が小村外相に対処をいかにすべきかを尋ねてはいるが、この展示が取りやめられることはなかった。(80)
また小村外相からのこの件に関する指示は、今のところ見つかっていないが、おそらく何らかの対処が求められれば、先述の大浦農相の回答すなわち、「南満州鉄道沿線の様子ないし、その地域の物産紹介」として展示を続けていたことが予想される。また展示がなされた館の名称は「東洋館」であったが、「東洋館」という名称もまた、問題（他国からの異議）が発生した場合に、対処可能な論理であった。

当時の東アジアは列強が大部分を植民地化しており、中国の分割も進行していた。もし「植民地館」と銘打って展示をおこなうのであれば、計画準備段階では台湾のみが該当する（韓国に関しては、開催期間中に日韓議定書が締結）。しかし東洋館という名称ならば、日本と政治、経済上で結びつきが強いとか、鉄道沿線という理由で台湾のほか韓国や満州の展示は可能となる。事実東洋館で行われた展示は台湾総督府、韓国統監府、関東都督府、南満州鉄道株式会社が展示の責をになっている。したがって東洋館という名称であることで日本と関係が深い地域の展示であり日本の植民地展示ではないという論理が成り立つ一方、これら監督官庁はいずれも日本政府の機関であり、南満州鉄道株式会社も政府が半額出資し、総裁、副総裁は政府任命である政府主導の国策会社であることから、東洋館という名称ではあったが事実上日本植民地館であった。さらに東洋館内に日本が存在しないことが、日本が展示されている地域を統括する立場であることを暗示する。それにより日本がイギリスと同盟を結ぶパートナーたりうる東洋の盟主であることを見せることができた。

事実この展示について、イギリス側の事務記録には、「日本の帝国の特権と列強の地位への承認への主張がおこなわれた」[81]と紹介され、またこの展示を見た長谷川如是閑は『東京朝日新聞』で、東洋館を「日本殖民館」とし、「事細かに見る英人があれば頗る日本の実力を識認する事が出来やうと思ふ。」と紹介した。[82]

(3)政府、省庁出品館

政府各省による展示が行われた第二四号館では、陸軍省、海軍省、商船学校、内務省、伝染病研究所などからの出品が展示された。陸軍省や海軍省はこれまでの万博では地図製作などさまざまな分野で出品に協力していたが、それぞれの活動を全面に押し出した展示を行ったのは今回が初めてのことである。

陸軍省の展示陳列面積は九八坪で、陳列室の前面には軍旗、戦旗がたてられた。「我国近世に於ける四大戦たる大阪陣、上野戦争、西南戦役及日清戦役」[83]を描写したジオラマがその中心で「日本陸軍の過去及現在に於ける状況」がしめされた[84]（写真26―30）。それぞれの風景を模写した展示区画では、各戦役で使用した武器、衣類、食料などが陳列され、武具などの変遷が示された。そのほかに測量図、将官以下各階級の軍服を着せた人形が陳列された。

海軍省の陳列面積は四五坪ほどで、海軍の発達を示すため、「豊太閤の征韓役に使用せし大小軍船模型、徳川時代の軍船模型及明治初年以後漸次発達せし軍艦清輝以下安芸模型」[85]が陳列された。また将官以下の被服、徽章、食料品、衛生用具や、海図、各種統計表、日本の製鋼業の進歩を見せるための製鋼品の見本などが置かれた。（写真31、32）。

いずれの展示でも、過去の戦役の様子が展示されているが、時期的に最も近い戦争である日露戦争についての展示が見られない。おそらく、日英博の目的が、反日感情の軽減であったことから、日露戦争がヨーロッパの一国との戦

写真 26　陸軍省展示

写真 27　陸軍省展示

写真 28　陸軍省展示

写真 29　陸軍省展示

写真 30　陸軍省展示

写真31　海軍省展示

写真32　海軍省展示

争であったため、その展示を控えたのであろう。

陸軍省、海軍省の展示については、例えば一九一〇年三月十六日付デイリー・テレグラフの記事「成功に満ちた幕開け」で、「いかなる英国人訪問者も、軍事における日本の勇敢さを忘れてはいない。」とし、陸海軍の展示内容を紹介している。そして陸海軍の紹介に続き「日本は、今や植民地主義の地位を獲得しており、満州、韓国、台湾で成し遂げたことを精巧に作り上げた展示で示している。」として、満州、韓国、台湾に関係する展示の様子が紹介された。[86]

(4) 興行

日英博覧会での興行は、一九〇九年三月三十一日におこなわれたキラルフィーと日本政府の最初の契約では、「日本余興は、我当局者は其の選択監督上単に之を拒否するの権利を保留し、其の実行方法は博覧会当事者の講する所に任せたり。[87]」となっていた。そこでキラルフィーは加藤駐英大使に対し、「アットラクションス」すなわち余興の類を要請し、一九〇九年八月二十四日、加藤大使は小村外相にキラルフィーからの要望を告げるとともに、「アットラクション」は「素より単に興行物を指すにあらず、最も広汎に之を解釈せんことを主張し、不知不識の間、漸次陳列品に対する彼等の観察研究を馴致せざるべからず。[88]」と説明した。さらに博覧会が何をもって成功と見なすかを考えたとき、貿易に関しては将来の問題であり、さしあたり博覧会来館者の多寡をもってはかるものであると述べ、以下のように続けた。

極めて少数の有識者は、高尚真面目の我出品に対し趣味を有し、之れが観覧を目的として来会すべきも、滔々たる一般の公衆は、右出品を観ると共に、我庭園より太神楽に至る迄の諸種のアットラクションスを楽まんが為めに雲来するものにして、多数の観覧者を集めんとせば、是非共彼等を満足せしむる這般の設備なかるへからず。(89)

集客のためにアトラクションを設けようという加藤の意見に、大浦農相は「加藤大使の意見の主旨は逐一諒承」と小村外相に同意を示した。(90)九月六日、在英事務官の陸奥広吉は和田事務官長にあてて、興行を行うのであれば、「シンジケート」すなわち協賛会のようなものを組織して事務を取りまとめる機関を設置すべきことを進言し、かつ興行案を例示した。その後興行のイギリス側の責任者としてジュリアン・ヒックスが十二月四日に来日し、日本の事務局と余興に関する協商を開始した。日本側の代表には、櫛引弓人と、藤原俊雄を担当者とした。櫛引は一八八五年、二十六歳の時に渡米し、ニューヨーク州アトランティックシティに日本庭園を造作したり、一八九九年には川上音二郎一座を招聘、その後渡英し、一九〇七年にロンドン、アールスコートで開催された「バルカン半島博覧会」会場内の「日本村」に関与するなど、英米での日本興行の経験を持っていた人物で、当時このような人物は「ランカイ屋」と呼ばれていた。(91)

興行の内容は魔術女水芸、軽業、太神楽、女剣舞、角兵衛獅子、独楽廻し、魔術飴細工芸、美術陶器製造家、画工、蒔絵師、七宝職工、縫箔女工、提灯製造職工、金銀細工職工、造花女工、桶製造職工、傘製造職工、大道行商飴屋、花売、シンコ細工、陶器画工、岐阜の鵜飼い、農民、台湾生蕃、北海道アイヌ、煎餅焼職工、木彫職工、山雀芸、相撲である。(92)

興行が実際に行われた主な場所は、「フェアージャパン（Fair Japan）」と「ポエティックジャパン（Poetic Japan）」

の二カ所である。「フェアージャパン」は興行が行われた会場のなかで最大のもので、三九〇〇坪のなかに日本家屋二一軒が建てられ、日本の町並みが再現された。それぞれの建物内では陶器製造、象牙細工、七宝細工、刺繍、菓子製造などの実演販売が行われ、そのほか販売店、喫茶店が設置されたり、手品がおこなわれた。「ポエティックジャパン」は、日本庭園の一区画に造られた。八軒の茅葺の日本家屋、水車が建てられるなど、日本の村落の様子が再現され、鍛冶、紡糸などが実演された。(93)ただし、ここを訪れた長谷川如是閑は「如何にも人を愚にしたもので到底日本人には見て居られない」と評すなど、それを見た日本人に評判が悪かったが詳細は次節にゆずる。

そのほかアイヌ村や、台湾村もつくられた。アイヌ村は九〇〇坪の敷地を有し、アイヌがそこで日常生活を営めるよう彼等の茅屋が数個移築され、アイヌが連れてこられた。台湾村は一三〇〇坪の敷地を有し、台湾の住居を模倣した家屋が作られ、台湾からつれてこられた人々がそこで生活した。(94)

三　日英博覧会の評判

日英博覧会は、当地の日本人だけでなく、日本からも政治家や新聞、雑誌記者が訪れ日本へ当地の様子の報告や感想を伝えた。『朝日新聞』は長谷川如是閑、『時事新報』は加盟陵良、浜田精蔵、『国民新聞』は伊達源一郎を日英博へ派遣した。彼らの見聞記は、日本国内で現地報告として掲載されことになった。そのほか『朝日新聞』が八五日間でアメリカとロンドン、パリ、ベルリン、ペテルスブルグ、ウラジオストックをまわるという「日英博覧会見物世界一周会」(95)を企画しており、その参加者が日英博覧会を訪れた。なお世界一周の参加費用は一九五〇円、参加人数は旅行参加者五二名と朝日新聞記者五名の五七名であった。

日英博覧会に関する記事は、会期中は入場者が多くおおむね成功という記事が多かったが、会期の終盤や会期後には批判的なものが目立つようになった。

たとえば、一九一〇年七月七日の『萬朝報』「日英博の教訓」では、日英博とは名ばかりで実質日本のものばかりであり、しかも観客の多くは相撲など興行目当てに来場し、また会場内の日本村は恥ずべきものであるなど、この博覧会は失敗であると述べている。また同月二十日「日英博の大失敗」には、渡英中の官吏が、日英博は予想外の大失敗であったと文部省へ報告したとある。[96] 九月四日の「日英博の解明」では、日英博は失敗であったという非難に対して大浦農相が、日本政府がキラルフィーという一興行師と提携したのは、イギリス政府は博覧会事業については常に政府としては参同しないからであること、興行については日本の生活とロンドンの人の生活状態とを比べるという非難は少し無理があるものであり、不体裁であっても日本の実情を公明に示しただけであると述べている。つまり、イギリス側の主催者が政府ではなくキラルフィーという一個人であったこと、そして日本村での「日本の現在の生活」展示に対するものなど興行への批判が主なものであった。[97]

長谷川如是閑の日英博覧会見聞記が一九一〇年五月十四日から七月六日まで『東京朝日新聞』で十四回にわたり連載された。初日に訪れた長谷川は、会場の様子を報告したのち感想として、イギリス側の展示が終わっていないのに対し日本側の準備が万端でなかなかの賑わいであったこと、また後日訪れたさいには織物館が盛況であったことを報告し、キラルフィーの主催した宴会に出かけ、キラルフィーがなかなかの人物であるとも述べている。しかし会期が終盤に近づくと、総評というかたちで博覧会への批判を展開する。

長谷川は、展示内容について、この博覧会によって「日本を小さく美しい国と思う見解が愈々増長」されるのが癪に障ると述べ、大きく堂々たる点では西洋にはかなわないゆえに小さい美しい点を発揮するよう努めたわけであるから已むを得ないが、一国の将来に関してたかをくくられる恐れがあるゆえ迷惑であるとしている。小さく美しいという評価も「堂々たる男子がお前は好男子だよと褒められても一向有難くないようなもの」とし、小さく美しいというこれまでの評価を増長するような内容、展示法ではなく、列強に並ぶ威風堂々たる日本という面を示す必要性を述べている。(98)

興行については、「一つとして日本の迷惑ならざるは無く」と評した。日本村は「今日の日本でも、前世紀の日本でもなく、日英博覧会以外にこんな日本は世界中に無い」と述べる。台湾村、アイヌ村については、日本人がその中に入って彼らと日本語で挨拶しているのを見ると何とも申し訳なく、またそれを観客が動物園へ行ったように小屋を覗いている様子を見るとこれは人道問題であると批判する。そして未だ、日本はおもちゃのような国と多くの人に思われており、日本といえば小さい美しい国と思われ、観客の多くはそのような日本を見るために、この博覧会を訪れ、またそのような欲望に答えるべく日本が紹介されており、もはやこのような日本の見せ方はやめるべきであると述べた。(99)

現地で博覧会を見聞した日本人の間で日英博覧会の評判があまりよくなかったことは駐英大使館事務官であり、日英博覧会事務官でもあった陸奥広吉(100)が原敬に送った書翰にもみてとれる。一九一〇年六月二十二日付原敬宛書翰で以下のように報告した。

開会後幸いに世間好評嘖々、第一天気も打続き誠に宜敷、入場者数も甚大にして、英人教育上の利益も不尠様被而已ならず、出品売行の上にも意外の好況を呈居候間、何卒御安神被下度願候。尤も如例本邦人間には、多少不平の声無之にあらざる模様に有之候得共、多くは誤解若くは些末の感情行違に不過如く、博覧会の主要の目的と何等干係影響無之様思料候(101)

陸奥は、博覧会が盛況でありそれゆえ成功していると述べながら、訪れる日本人たちの間で不平があるということを報告している。「如例」と書いていることから、博覧会への不満はこの報告以前から度々見られたということが伺える。

日英博覧会の評判は日本国内の政治家の中でも悪く、陸奥からの報告を受けていた原敬は、「日英博覧会は、全く小村が山師者のキラルフィーに欺かれて見世物興行をなしたるものにて、英国政府の如きは豪も関係せざりし由なり。日英国交上の必要の如く議会に説きたる当局者こそ国民を欺きたるものなり。」と述べた。(102)一方博覧会を主導した小村外相は、一九一一年一月二十四日衆議院で、日英博覧会は両国の親睦に資することがあり、また日英貿易の将来の発展につながるは明白であるとその成功を述べた。(103)

開催当時五カ月間イギリスに滞在し、実際に日英博覧会を訪問した立憲国民党の蔵原惟郭は、自分が観察した感想と小村の説明では天地の如く相異があるとし、「日英博覧会の実況は、実に惨憺たるものであります。」と述べた。加えてこの博覧会にはイギリスの政府や実業家は関与しておらず、日本政府と「極めて悪評判のある興行師である」キラルフィーとの契約であり、イギリス政府は教育部と海陸軍に関する部分しか出品していなかったと指摘した。さらに日英博覧会の大失態が関税問題などで冷却しつつある日英関係をさらに冷えさせたとのべ、その大失態の例として、出品物については美術、工芸や織物では多少見るべきものはあったが、それ以外は一〇年前に行われた一九〇〇年パリ万博とそれほど変わっていないという批評があったこと、また「此博覧会は即ち興行の博覧会であった、見世物の数は実に無数」であったこと、アイヌ人を見世物のようにしたのは「人道上に於ける大失態」であり、これらのことは「日本に対する尊敬の念を沮喪冷化」させたと述べた。(104)

一方、大浦農相の答弁は、日英博覧会は「戦後の経営として、我国に利益のあることを以て、茲に張出して、さうして我国力の発展を図るのが趣意」であるとして、キラルフィーの人格は関係がないことを述べ、またその他にも当時ブリュッセルで万国博覧会が開催されており、イギリス政府はそちらに全力を注いでいたので、日英博覧会に政府出品が少なかったという説明をおこなった。[105]

その他西村丹治郎は、政府が日英博覧会の参同経費要求のさい、日英同盟の上で重要であり、これは日英国民的博覧会か国際的博覧会であるという説明ゆえに議会は協賛を与えたのにもかかわらず、実際にはキラルフィーと日本政府との博覧会であって日英博覧会ではなく、イギリスでも「シェファードブッシュの日本博覧会」と言われていたと述べた。[106]これに対し小村外相は、いろいろ非難もあったようだが、イギリスからの通信やイギリスの新聞紙上での評判を見る限り、成功であったと述べ、会期中にもイギリスの王室や名士が博覧会に対して同情庇護を与えてくれたことは感謝すべきことであると答弁した。[107]

日英博覧会に対する批評の中には、主導した小村外相の外交方針に対する攻撃材料として日英博覧会の「失敗」を取り上げるものもあるが、日英博覧会は実質「日本博覧会」であり、両国政府が協賛という対等なものではなく、イギリス側は一興行師が代表であったこと、博覧会の中で最も注目を浴びたのが相撲のような興行の類であり、かつ興行としての日本村であったということへの不満が大部分であった。

興行については、先述のように計画段階で林と小村は見世物興行とならないようにということで一致していたが、主催するキラルフィーからの要望を受け、許可制とすることで合意した。博覧会の入場者数が成功、不成功の基準のひとつであったからである。実際日本村などで行われた相撲は人々の関心を集めておりその意味では成功であった。日本政府が許可した興行は軽業、独楽廻し、相撲などであったが、観客からすればそれが行われ、さらに工芸品の実演販売の行われている日本村、アイヌ村、台湾村自体もまた余興であった。それゆえ日本人にとって、日本村を含めた興行は恥ずべきものであった。

アイヌ村、台湾村については、長谷川如是閑や蔵原惟郭が人道問題であるとして批判した。長谷川の批判の中には、アイヌ村や台湾村に日本人が入り、彼らと挨拶する様子を見て申し訳ないと感じるとともに、全体をいわば一段上から見る西洋人がいるという構図を問題視し、人道問題としている。アイヌ村、台湾村を例示して人道問題としているが、それらを興行とするならば、当然日本村の方が規模も大きく主要なものである。したがってアイヌ村や台湾村を例示しているが、直接言及しなくとも、日本村もまたその構図の一部であるという認識があった。事実、日本村への批判には、大浦農相の弁明にあるように、イギリス人の前で日本の生活を示しているそのことへの批判もあった。つまり興行への批判は、アイヌ村や台湾村の存在が人道的に問題であること、そしてそれらと同様の興行として日本村存在していることへの不満であり、そこには日本は列強からもはやそのような扱いを受ける国ではないという自己認識があった。つまりイギリス人の観客を意識し彼らに受け入れられることが予想され、これまでの万博で見受けられた対外的な日本像、長谷川の言葉を借りれば「小さい美しい国」という見せ方からの脱却の時であるという意識があり、一等国として列強と同じような威風堂々とした国家として諸外国に日本をアピールすべく、新たな日本像をたてるべきであるという考えから、日英博覧会での日本表象への不満が噴出したのであった。

おわりに

以上のように日露戦争での勝利を記念して万国博覧会の開催が計画されたものの、実際には日本大博覧会という万博と内国博の中間規模での開催が決定した。折衷型での開催は、それまでの殖産興業政策の一環としての内国勧業博覧会との決別である一方、欧米一等国と同等となったことを記念した万博開催への意欲をもちつつも、現時点では不可能であるという現実認識から導かれたものであった。したがってその名称から「内国勧業」がはずされながらも、万国博覧会ではなく「日本大博覧会」という名称での開催となった。開催は当初一九一二年とされたが、一九〇八年九月に財政困難を理由に開催の五年延期（一九一七年開催）となった。その一方で一九一〇年日英博覧会の開催が決定した。

なお延期となった日本大博覧会であるが、一九一一年十一月二十日、西園寺首相のもとに原内相、松田法相が集まって中止決定の協議がなされた(108)。当時、明治四十五年度予算をめぐり海軍拡張を推す斉藤実海軍大臣と公共事業費の拡充を推す原敬内務大臣が対立していた。ただし斉藤海相の留任決定の際、西園寺首相が海軍拡張を了承していたため緊縮財政を推し進める山本達雄大蔵大臣は海軍に譲歩し、公共事業費を認めない方針であった。そのような中、この日山本蔵相は大博覧会、国勢調査、議院建築を延期することを申し出、それを西園寺首相、原内相、松田法相が協議の後内定し、翌二十四日の閣議で中止が決定した(109)。

翌一九一二年三月二十二日、勅令二〇号で正式に日本大博覧会は中止され(110)、三月三十一日に日本大博覧会事務局官制は廃止された(111)。そして開催されることの無かった日本大博覧会会場予定地の青山であるが、同年七月三十日の天皇死去ののち明治神宮が建設された(112)。

このように日本大博覧会は財政難を理由に中止が決定されたが、財政に問題があるということは計画段階である博覧会調査委員会ですでに指摘されており、その上で開催が決定されている。つまり財源問題を抱えていてもなお開催したほうがよいという判断により万博でなく中間規模での開催が決定されたのであり、中止を決定した一九一一年秋に急激に財政難へと状況が変化したわけではない。

そもそも日露戦捷記念として万博開催建議が出されたことが示しているように、当初は国家の祝祭として万博開催が希求された。日露戦争での勝利は、欧米諸国の一国であるロシアへの勝利であっただけに、欧米列強の一国に並んだという意識を生んだ。それゆえ当時欧米諸国のみが開催していた万博の開催を建議したのである。ただし、現実的な判断から万博としての開催は未だ不可能と認識し、折衷型での開催となった。

万博開催建議を最初に提出したのは第一次桂内閣の清浦農相であるが、折衷型での開催を決定したのは第一次西園寺内閣である。第一次桂内閣時代に清浦農相が万博開催建議案を提出したのは、日露戦捷を記念する国家規模の祝祭を開催するためであった。しかし実際に博覧会の規模の決定を担った第一次西園寺内閣は、鉄道敷設、道路建設、築港などいわゆる「積極政策」を採っており、そのような政策路線の中での博覧会規模の決定ゆえに、帝都東京の社会整備を付帯事業とし、万博と内国博の中間規模でかつ国内に比重を置いた日本大博覧会の開催を決定したのであろう。

日露戦後恐慌のため積極政策の維持が困難となるなか、金融、産業界が西園寺内閣から離れると内閣は退陣し、第二次桂内閣へと政権がかわった(113)。そして日本大博覧会は第二次桂内閣の設立ののちに延期となり、小村外相の主導のもと、日英博覧会の開催が決定する。つまり第一次西園寺内閣において国内を重視した積極政策の一環であった日本大博覧会は延期となり、第三次日英同盟の改訂や欧米でひろがる黄禍論など反日感情を払拭するためという外交課題から一九一〇年日英博覧会の開催が決定した。すなわち博覧会の開催の意味づけをめぐって、西園寺内閣は国内を重視し、桂内閣は対外的な配慮を重視しており、その違いがこのような決定を生み出したのである。

日英博覧会はこれまでに参加した万国博覧会などの国際博覧会と異なり日英二カ国の共催であるが、イギリス側の主催者は政府ではなく一興行師であったことから、実質イギリスにおける日本博覧会であった。これまでの国際博覧会への参加は、貿易振興、技術伝播など貿易、商業などがその目的としてかかげられたが、この博覧会は当時駐英大使、外相を務めた小村寿太郎が自身の掲げる日英同盟を主軸とした外交方針に基づき、両国の親交のためにという目的を掲げて開催が決定された。

しかし国内での評判はそれほど好意的ではなかった。その理由は、博覧会が両国政府の共催ではなく、日本は政府、イギリスは興行師というように日本からみて対等とはいえなかったこと、興行として見世物のごとく日本が扱われているとの報道がなされたことにある。そして日本が見世物のように扱われたことも、日英両国が対等でないという印象につながり、そのことも日英博への不満としてあらわれた。

また、長谷川如是閑が連載記事で述べたように、対外発信する日本イメージが「小さい美しい日本」であり続けていることへの不満もまた不満のあらわれであった。つまり日英博への批判は、万博などで打ち出される日本イメージを新たなものへ、具体的には、日露戦争で勝利をおさめた欧米諸国と並ぶ近代国家としての日本像の形成への欲求からのものである。しかし、日英博では、それまで諸外国で流布し、また万博でも繰り返し打ち出された日本像のままであり、新たな日本像は提示できなかったがゆえに批判の対象となった。

そもそも開催が計画された日本大博覧会は新たにたてられた国家目標を体現する日本の将来像を国内外に示すような国家事業ではなかった。それゆえ、財政難などの障害があっても見せたい新たな日本像が明確ではなく、またそれを推し進める強力な意思もなかった。その結果、それまでにも存在していた財政難を理由に、日本大博覧会は幻におわった。そして幻におわったという経緯は、明治初期の国家目標のある程度の達成を見ながら、あらたな国家目標が不在であったこの当時をあらわすものであった。

註

（1）櫻井良樹『大正政治史の出発―立憲同志会の成立とその周辺―』（山川出版社、一九九七年）二一―三九頁

（2）古川隆久『皇紀・万博・オリンピック―皇室ブランドと経済発展―』（中央公論社、一九八八年）

(3) 國雄行「一九一〇年日英博覧会について」(『神奈川県立博物館研究報告人文科学』二二、一九九六年)そのほか史料紹介として、河村一夫「明治四十三年の日英博覧会関係史料について」(『外交史料館報』六、一九九三年)があり、同氏は他に、「明治四十三年開催の日英博覧会について」上、中、下(『政治経済史学』一八一、一八六、一九八一年、一九〇、一九八二年)がある。

(4) 有山輝雄「第二回世界一周会と日英博覧会」(同『海外観光旅行の誕生』吉川弘文館、二〇〇二年)

(5) Ayako Hotta-Lister , *The Japan-British Exhibition of 1910: gateway to the Island Empire of the East*, Richmond: Japan Library,1999

(6) Lockyer, *"The Note of Orientalism" London, 1910*, "Japan at the exhibition",pp119-160

(7) 国立公文書館所蔵『公文類聚』(第二十九編明治三十八年巻十八産業門・博覧会共進会)一九〇五年(明治三十八)十一月桂太郎首相宛清浦奎吾農商務大臣建議「次回に開設せらるへき博覧会の組織及設備等に付調査を為すの要あるを以て其費用を要求することゝす」

(8) 前掲清浦奎吾農商務大臣建議「次回に開設せらるへき博覧会の組織及設備等に付調査を為すの要あるを以て其費用を要求することゝす」所収、一九〇五年(明治三十八)十二月十五日付法制局作成文書

(9) 一九〇五年十二月二十八日勅令第二八四号、内閣官報局編『法令全書』第三十八巻―三(原書房、一九八七年)三九八頁

(10) 一九〇六年(明治三十九)二月二十七日付「万国博覧会開設に関する建議案」「博覧会に関する調査書類内閲の件(3)」(一九〇六年(明治三十九)、「壹大日記」防衛研究所所蔵)アジア歴史資料センターRef.C04014138200

(11) 『帝国議会衆議院委員会議録二八』(東大出版会、一九八八年)一八一頁

(12) 同右一八〇頁

(13) 一九〇六年(明治三十九)三月三十一日勅令六一号「博覧会開設臨時調査会官制裁可」(『法令全書』第三十九巻―二、一九八八年)六九、七〇頁

(14) 一九〇六年(明治三十九)三月三十一日勅令六二号博覧会開設調査に関する臨時職員設置の件　同右　七〇、七一頁

(15) 「博覧会に関する調査書類内閲の件(1)」(一九〇六年〈明治三十九〉、「壹大日記」防衛研究所所蔵)アジア歴史資料センターRef.C04014138000

(16) 同右

(17) 「次回開設すへき博覧会の調査に関する資料」の構成は以下のようなものである。

目次

(18) 「博覧会に関する調査書類内閲の件（2）」中、「次回博覧会に関する世間の希望」（一九〇六年、「壹大日記」防衛庁防衛研究所所蔵）アジア歴史資料センターRef.C04014138100

(19) 一九〇六年（明治三十九）七月二十三日付松岡康毅農商務大臣宛和田彦次郎事務次官書翰　国立公文書館蔵『公文類聚』（第三十編明治三十九年第十五巻産業二博覧会・共進会）「次回に開催すへき博覧会に関する件を決定す」

(20) 同右

(21) 同右中、一九〇六年（明治三十九）七月二十八日付西園寺公望宛松岡康毅書翰「次回開設すへき博覧会に関する件」

(22) 国立公文書館蔵、一九〇七年（明治四十）『公文類纂』貴族院衆議院事務局帝国議会第二十三回一、巻四十七「万国博覧会開設に関する衆議院建議の件」所収、一九〇七年（明治四十）二月二十七日付、西園寺公望首相宛松岡康毅農商務大臣書翰に「次回開設すへきは内国博覧会と万国博覧会とを取捨折衷し、日本大博覧会の名称を以て明治四十五年に於て之を開設することに、昨明治三十九年十二月二十一日閣議決定相成居り候」とある。

(23) 『帝国議会衆議院委員会議録四三』（東大出版会、一九八七年）一一一頁

(24) 同右一一二頁

(25) 同右一一三頁
(26) ただし同月二十五日、明治四十年度歳入歳出総予算追加が公布されたが、その中の「日本大博覧会費」一七三万七六〇〇円は、そのまま計上された。「御署名原本・明治四十一年・予算二月二十五日・明治四十年度歳入歳出総予算追加」(国立公文書館蔵) アジア歴史資料センターRef.A03020779200
(27) 国立公文書館蔵、一九〇七年(明治四十)『公文類纂』貴族院衆議院事務局帝国議会第二十三回一、巻四十七「万国博覧会開設に関する衆議院建議の件」所収、一九〇七年(明治四十)二月二十七日付、西園寺公望首相宛松岡康毅農商務大臣書翰
(28) 松岡農相の三月八日の日記に、「閣議、万国博覧会の建議は、不采〔採〕用の旨を議定す」とある。一九〇七年(明治四十)三月八日条(高瀬暢彦編『松岡康毅日記 日本大学精神文化研究所 研究叢書六』(日本大学精神文化研究所、一九九八年))三一七頁。また国立公文書館蔵『公文類纂』前掲「万国博覧会開設に関する衆議院建議の件」に「別紙農商務大臣請議、万国博覧会開設に関する衆議院建議の件を審査するに、右建議の要旨は、明治四十五年に開設せらるへき博覧会は明治四十年度総予算に依るに、一部は万国組織とし、他は小規模なる内国博覧会たらしめむとするものにして、曩に衆議院の建議せる趣旨に適せす。依て之純然たる万国博覧会の組織と為し、其の開設の予算を、本期議会に提出すへきことを望むと謂ふに在り。之に対する農商務大臣の意見は、次回開設すへきは内国博覧会と万国博覧会とを取捨折衷し、日本大博覧会の名称を以て明治四十五年を期し、開設すへきことに閣議既に決定せるに付き、本建議は之を採納せさることに決定相成度と謂ふに在り。農商務大臣の意見は相当と認むるを以て、請議の通閣議決定相成可然と認む」とある。
(29) 一九〇七年三月三十一日勅令一〇一号「博覧会開設臨時調査官制及明治三十九年勅令第六十二号廃止の件を裁可し茲に之を公布せしむ」内閣官報局編『法令全書』第四十巻―三(原書房、一九八九年)一四〇、一四一頁
(30) 一九〇七年三月三十一日勅令一〇二号「日本大博覧会を明治四十五年四月一日より同年十月三十一日迄東京府下に開設す」(同右一四一頁)
(31) 外交史料館蔵『外務省記録』「日本大博覧会開設一件」一中、一九〇七年(明治四十)四月八日付秘雑第二二五号附「日本大博覧会に関する設計の要領」。なお、一九〇七年四月二十四日に在本邦各国大使、公使、代理大使、代理公使に出されたものも、この附の翻訳がつけられた。
(32) 一九〇七年八月二日農商務省告示第一八三号「日本大博覧会事務局は当分の内農商務省内に之を置く」内閣官報局編『法令全書』

第四十巻―八（原書房、一九八九年）一四五五頁

(33) 任命までの経緯は、一九〇七年四月、五月の松岡農相の日記に詳しい。四月八日の日記には、「首相に、博覧会々長に金子、事務総長に和田、次官に久米、商工局長、地方官に……、場所は青山新宿のことを言ふ、皆同意、殊に、耳目一新可然と賛同せらる」とある。（一九〇七年四月八日条、前掲『松岡康毅日記』三二五頁）さらに同月十一日、松岡農相は金子に会長就任を依頼、（同年四月十一日条、同右、三二六頁）十三日、金子は松岡に、中枢の人選を一任して欲しいと述べた。松岡農相は、調査委員会長をつとめた和田農商務次官を事務総長に就任させること以外の人選の一任は可能であると告げ、（同年四月十三日条、同右、三二六頁）同月十八日、金子は会長就任を承諾した。（同年四月十八日条、同右、三二七頁）ただし事務総長に請われた和田は就任を辞退、同月二十八日、和田は就任辞退を機に退官する旨を松岡に告げた。（同年四月二十八日条、同右、三三〇頁）松岡、金子が和田の留意にあたるが意見は変わらず、最終的に西園寺首相が度々懇諭したところ、五月一日、和田は事務総長を承諾した。（同年四月二十八日条、同月三十日条、五月一日条、同右、三三〇、三三一頁）ところが金子は、松岡や自身の再三の勧諭には応じず、首相の命に従ったという経緯に不満を抱き、西園寺首相に和田の罷免を要請した。最終的には両者の直接の面談がなされ、五月十日、金子会長、和田事務総長という体制が決定した。（同年五月一日条、同月二日条、同月三日条、同月八日条、同月十日条、同右、三三一―三三四頁）

(34) 金子の演説は、日本大博覧会事務局『日本大博覧会経営の方針―日本大博覧会会長子爵金子堅太郎君演説集』（国光社、一九〇八年）と日本大博覧会事務局編『明治四十一年七月二日道庁府県内務部長会議に於ける金子日本大博覧会々長の演説並協議事項』（東京国文社、一九〇八年）、小路田泰直監修『史料集　公と私の構造―日本における公共を考えるために―第五巻日本大博覧会と明治神宮』（ゆまに書房、二〇〇三年）に収録されている。

(35) 『帝国議会衆議院委員会議録四七』（東大出版会、一九八七年）一五七頁

(36) 国立公文書館蔵「青山錬兵場の内一万有余坪を引去りたる地積を以て日本大博覧会場に充用の件」（公文別録・未決並廃案書類・明治二十年～大正四年・第二巻・明治二十三年～大正四年）アジア歴史資料センターRef.A03023030500および前掲『松岡康毅日記』三二五頁

(37) 前掲『帝国議会衆議院委員会議録四七』一五七頁

(38) 法律第五号「日本大博覧会出品外国貨物免税に関する法律」内閣官報局編『法令全書』四十一巻―二（原書房、一九八九年）五、

六頁
(39) 法律第二二号、同右二八、二九頁
(40) 一九〇八年六月二十七日農商務省告示第一五九号「日本大博覧会規則」内閣官報局編『法令全書』第四十一巻―八（原書房、一九九〇年）一三九二―一四一九頁
(41) 一九〇七年十一月十八日付『東京朝日新聞』「大博繰延説」
(42) 一九〇七年十一月二十九日付『東京朝日新聞』「大博覧会延期説」
(43) 一九〇八年九月三日付『東京朝日新聞』「大博延期理由」
(44) 一九〇七（明治四十）年十二月十六日付西園寺公望宛井上馨書翰（国立国会図書館憲政史料室蔵「井上馨文書」所収）
(45) 「東京市実業家招待席に於ける演説」前掲『日本大博覧会経営の方針』一四五頁
(46) 橋川文三『黄禍物語』（岩波書店、二〇〇〇年）八〇―八七頁
(47) 一九〇八年九月二日勅令二〇七号内閣官報局編『法令全書』第四十一巻―三、（原書房、一九八九年）三九三頁
(48) 「日本大博覧会延期通牒書一覧」前掲『史料集　第五巻日本大博覧会と明治神宮』所収　三〇二、三〇三頁
(49) 桂首相は、日本大博覧会の延期決定に関しては、一九〇九年二月十日の第二十五回帝国議会衆議院予算委員会第十回で「政府も斯の如き措置は取りたいとは思はなかったのであります。（中略）外交と云ふことに付きましては、亦已むを得ない場合があったのであります。」と述べているが、具体的な理由を言及していない。『帝国議会衆議院委員会議録四九』（東京大学出版会、一九八八年）一五一頁
(50) 宮路正人『日露戦後政治史の研究―帝国主義形成期の都市と農村』（東京大学出版会、一九七三年）一八―二〇頁
(51) 前掲『帝国議会衆議院委員会議録四九』一二九頁
(52) 同右一五〇、一五一頁
(53) 外交史料館蔵『外務省記録』「明治四十一年英京倫敦に於て日英博覧会開設一件」（一）中、「日英博覧会の計画に関する件」（以下、「日英博覧会開設一件」（一）と略す）
(54) Hotta-Lister, *The Japan-British Exhibition of 1910*,p39
(55) Ibid.,pp39,40, Greenhalgh, *Ephemeral vistas*,pp90-97

(56) 前掲「日英博覧会の計画に関する件」
(57) 前掲「日英博覧会開設一件」（一）中「日英博覧会に関し意見照会の件」
(58) 同右中「日英博覧会計画の内容確認に関し訓令の件」
(59) 同右中「日英博覧会に関し回答の件」当時アールスコートで開催されていた博覧会を小村は、営利目的のそれとみなしており、その旨を林に報告した。
(60) 國は、小村が意図的に「日英博覧会」と解釈したかは不明と指摘している。（前掲國雄行「一九一〇年日英博覧会について」六五、六六頁）。
(61) 前掲「日英博覧会開設一件」（一）中「日英博覧会開設賛同に関し閣議決定書」
(62) 農商務省編『日英博覧会事務局事務報告』上巻八―十七頁（以降『日英博覧会事務報告上』と略す）
(63) 『帝国議会衆議院委員会議録四九』（東京大学出版会、一九八八年）一六三頁
(64) 同右一六四頁
(65) 『帝国議会衆議院委員会議録五〇』（東京大学出版会、一九八八年）一六七頁
(66) 一九〇九年四月七日農商務省告示第一三七号「日英博覧会事務局は之を農商務省内に置く」（『法令全書』第四十二巻―七、原書房、一九九一年）六二三頁
(67) 一九〇九年四月二十七日日英博覧会事務局告示第一号「日英博覧会出品規則を左の通定む」同右七三七―七四四頁
(68) 前掲『帝国議会衆議院委員会議録四九』一六五頁
(69) 前掲「日英博覧会開設一件」（一）中「日英博覧会に関し英国外務大臣と会談報告の件」
(70) 同右
(71) 外交史料館蔵『外務省記録』「明治四十一年英京倫敦に於て日英博覧会開設一件」（二）中「日英博覧会に於ける特色たる官庁出品に対する経費支出の方針」（以下『日英博覧会開設一件』（二）と略す。）
(72) 前掲『日英博覧会事務報告上』四三一―四三三頁。
(73) 同右四三三―四五五頁
(74) "Rising sun in the West ?Features of Japan Exhibition at Shepherd's Bush",Diaily Graphic,May16,1910, Hirokichi Mutsu ed.

(preface by Yonosuke Ian Mutsu, and introduction by William H Coaldrake), *The British Press and The Japan-British Exhibition of 1910*, Melbourne:University of Merbourne,2001,p41

(75) 前掲『日英博覧会事務報告上』五一二頁

(76) 同右五一三頁

(77) 同右五一八頁

(78) 前掲「日英博覧会開設一件」(二)中一九〇九年(明治四十二)十一月十一日付小村寿太郎宛加藤高明書翰「日英博覧会に於ける満州物産陳列に関する件」

(79) 同右一九〇九年(明治四十二)十二月二十日付小村寿太郎宛大浦兼武書翰

(80) 外交史料館蔵『外務省記録』「明治四十一年英京倫敦に於て日英博覧会開設一件」(三)中、一九一〇年(明治四十三)四月三十日付小村寿太郎宛加藤高明書翰「奉天鼓楼の模型等の出品に関し在英清国公使異議申出の件」

(81) Locker, “Japan at the exhibition”, pp136-137

(82) 一九一〇年六月十三日付『東京朝日新聞』「日英博覧会」(四)

(83) 前掲『日英博覧会事務報告上』五一三頁

(84) 同右

(85) 同右五一三、五一四頁

(86) “Successful Inauguration”Daily telegraph,May,16,1910, Mutsu ed., *The British Press and the Japan-British Exhibition of 1910*,pp64-67

(87) 農商務省編『日英博覧会事務局事務報告』下巻、八六六頁(以下『日英博覧会事務報告下』と略す。)

(88) 前掲「日英博覧会開設一件」(二)中「日英博覧会開設準備と其の経営方針に関し具申の件」一九〇九年(明治四十二)八月二十四日付小村寿太郎宛加藤高明書翰

(89) 同右

(90) 前掲「日英博覧会開設一件」(二)中「日英博覧会経営方針に関する在英大使の意見に関し回答の件」一九〇九年九月三十日付小村寿太郎宛大浦兼武書翰

(91) 前掲『日英博覧会事務報告下』八六六―八六七頁。なお、櫛引と博覧会の関係については、橋爪紳也『人生は博覧会―日本ランカイ屋列伝』(晶文社、二〇〇一年)三六―六一頁を参照のこと。
(92) 前掲「日英博覧会開設一件」(二)中「余興種類決定通知の件」
(93) 前掲『日英博覧会事務報告下』八七三頁
(94) 同右
(95) 前掲有山輝雄『海外観光旅行の誕生』一八〇―一九五頁
(96) 一九一〇年七月七日付『萬朝報』「日英博の教訓」、同二十日「日英博の大失敗」
(97) 一九一〇年九月四日付『萬朝報』「日英博の解明」
(98) 一九一〇年七月五日付『東京朝日新聞』「日英博たより」(二)
(99) 一九一〇年七月六日付『東京朝日新聞』「日英博たより」(三)
(100) 陸奥は、イギリスで掲載された日英博覧会に関する記事を編纂して『The British Press and The Japan-British Exhibition of 1910』を作成し一九一一年にイギリスで、一九一二年に日本で刊行した。Hirokichi Mutsu ed., *The British Press and The Japan-British Exhibition of 1910*, Imperial Japanese Commision, London, 1910, (Tokyo, 1911) さらにこの本は、二〇〇一年に再版された。その本については註(74)を参照のこと
(101) 一九一〇年(明治四十三)六月二十二日付原敬宛陸奥広吉書翰　原敬文書研究会編『原敬関係文書』第三巻(日本放送出版協会、一九八五年)三五一頁
(102) 一九一〇年(明治四十三)十一月二十七日条　原奎一郎編『原敬日記』第三巻(福村出版、一九六五年)五七頁
(103) 『帝国議会衆議院議事速記録二五』(東京大学出版会、一九八一年)二七頁
(104) 同右三二―三四頁
(105) 同右三五頁
(106) 同右三五、三六頁
(107) 同右三七頁
(108) 一九一一年十一月二十日条前掲『原敬日記』第三巻一八七頁

(109) 一九一一年(明治四十四)十一月二十四日条 同右一八八頁
(110) 一九一二年三月二十二日勅令二〇号内閣官報局編『法令全書』第四十五巻―十(原書房、一九九三年)一三五、一三六頁
(111) 一九一二年三月二十二日勅令第一九号同右
(112) 明治神宮設立経緯については、山口輝臣「明治神宮の成立をめぐって」(『日本歴史』五四六、一九九三年)、同『明治神宮の出現』(吉川弘文館、二〇〇五年)など山口の一連の著作に詳しい。
(113) 坂野潤治『大正政変:一九〇〇年体制の崩壊』(ミネルヴァ書房、一九八二年)四九―五八頁

終　章　近代日本と万国博覧会

以上のように、本書では明治期に日本政府が参加した万国博覧会と日英博覧会、将来の万博開催を見据えて開催された第五回内国勧業博覧会と中止に終わった日本大博覧会から、それぞれ国内外にむけてどのような日本像を打ち出したのかを時代状況などをふまえつつ論考した。

万国博覧会では、会場内日本地区での展示、日本館や日本庭園、そこでの宴会開催のほか、日本紹介本など様々な形態であった。もちろん博覧会の参加目的、開催目的はそれぞれ時代状況などにより異なる。

明治政府が最初に参加したウィーン万博では、お雇い外国人シーボルト、ワグネルの指導のもと、日本の知名度をあげるために大仏や金のシャチホコなど人目をひくものが出品、展示された。出品選択にお雇い外国人たちを関係させたこと自体、欧米から見た日本を選択基準にしたことを表しているが、出品されたものも扇子、扇、漆器、陶磁器など当時欧米でジャポニスムとして受容され、人気のある工芸品がその中心を占めた。その後近代化がおしすすめられ、議会開設、憲法制定、不平等条約の一部改正などが行われると、日本を表象する要素として歴史が前面に出始める。

一八九三年シカゴ万博では初めて日本の特別館が建てられた。日本の古い建築様式で建てられた館内では、日本の古美術が展示された。さらに、日本を紹介する本として建国以来の日本の通史『にほんれきし』が編纂、刊行された。

日清戦争後の参加となった一九〇〇年パリ万博では、参加にあたり、日清戦勝後であり、不平等条約の改正がなされたことなどから近代化を遂げた国家としての自負が意識され、出品方針でも近代化を示す指標である機械類の出品が奨励された。しかしながら、実際に機械部門に出品された製品は無く、日本の出品物の中心は日本館における古美術品展示であった。古美術展示の解説として編纂された『稿本日本帝国美術略史』では、清国やインドにおける栄華は崩壊し今では、現在東洋美術を代表するのは日本であると説いた。さらに一九〇四年セントルイス万博では、会期中に開催した宴会で対露戦争を東洋の盟主としての東洋の平和のための戦いと説明した。一九一〇年日英博覧会は万博ではないが、その開催自体、日英同盟の改訂をめざす外交方針のもと当地に存在する排日気運の沈静化を目的とし、会場内の日本歴史館では、日英同盟の締結を頂点（現在）とする日本の歴史が展示、構成された。

このように万博や日英博での日本の紹介、解説の方法として歴史（日本史）が度々使われた。一八七三年ウィーン万博から一八九三年シカゴ万博にかけて日本紹介本が作成されたが、最初に作られたウィーン万博のものは、参同経緯、出品目録とともに、歴史、地理、人口、政治体制などを紹介するものであったが、その二〇年後のシカゴ万博では、『にほんれきし』として日本の通史が一冊の本として刊行された。日本史を中心とする日本紹介本が作成された時期は、政府が推し進めた修史編纂事業と時期を同じくしたが、修史編纂事業は修史の詔にあるように親政として六国史の編纂を引き継ぐべく国家主導の修史事業を開始するというもので、国内向けの事業である。一方万博は、主に欧米諸国にむけて日本という国家をアピールする事業である。このように対象は異なるが、新たな国家のあり様を説明するという目的において同じであった。

政府の修史編纂事業は、対象を六国史以降維新までとする『大日本編年史』編纂にあり、万博での日本史は、諸外国への日本の紹介という性格から建国から現在にいたるまでの通史として編纂された。つまり万博のための日本史ということで通史として編纂されたがゆえに、一八七八年パリ万博用の日本史が東京帝国大学国史科設立に際して、教科書『稿本国史眼』として翻訳、出版されたのである。

万博における日本史は、政府の修史編纂事業が執り行われていた期間は回を増すごとにより充実した内容になっていった。しかし、修史編纂事業の中止とともに、日本史による日本解説書は編纂されなくなったものの、歴史による日本の紹介ということ自体がなくなったわけではない。一九〇〇年パリ万博では、美術による日本の歴史が編纂されるとともに、古美術の展示が大々的に行われた。また日英博覧会では、日本歴史館が建てられ人形やジオラマを使って立体的に日本の歴史の説明がなされた。歴史を強調する方法の採用は、産業、技術など近代化を示す部門では欧米諸国にはかなわないという判断という消極的な理由から、日本が近代化を達成した背景には、欧米諸国の影響のみならず、内発的な要因があったことを示すために歴史的変遷を展示するという積極的な歴史の利用へと変わっていった。それゆえ万国博覧会という未来が展示される場所で、歴史／過去が展示され続けたのである。

日本の植民地展示は、日清戦争後の一九〇〇年パリ万博以降の問題である。一九〇〇年パリ万博では台湾を目立つかたちで展示することはなかったが、一九〇四年セントルイス万博では、日本地区内に台湾喫茶店が建築されたほか、通運館の地理模型で航路など近隣地域とのつながりとして、台湾だけでなく朝鮮半島や満州までもが日本の領域のように示された。実際、当時日本と朝鮮半島などとの経済関係がより密接になり、それにともない航路、鉄道などのインフラ整備も進められていたが、その地域は当時行われていた日露戦争での争点となっていた場所であった。日露戦争後の日英博覧会では、東洋館が設置され、台湾のほか、朝鮮半島、満州からの出品物が展示された。これらは、それぞれ台湾総督府、韓国統監府、関東都督府、南満州鉄道株式会社からの出品であったが、この館は「植民地」館ではなく、あくまで日本と密接な関係にある地域、ないし日本の経営する地域からの出品であるという論理のもと「東洋館」とされた。ただし、台湾のような植民地とそうでない地域を同列に展示することで、もはやそれらの地は日本の植民地であることを暗に示していた。

日本の植民地展示は、国内で開催された博覧会でも行われた。一九〇三年の第五回内国勧業博覧会では台湾館が設置され、場外の人類館には台湾、清国、韓国、琉球、アイヌなどの人々が連れてこられ、展示された。これらの展示にたいし、清国、韓国、沖縄から非難や、展示差し止めの請求があり、それを受けて途中でそれらの展示は一部中止された。ただし、一九一〇年日英博覧会では、清国から満州の展示をしていることに非難があったがそれを受け入れず、展示内容を変えることはなかった。

当時の万国博覧会では、出品物の展示のほか日本家屋内で出品物などが販売されたり、茶店では女性が給仕をして客に酒などがふるまわれ、演芸、曲芸、軽業、水芸、相撲などの興行が行われた。興行は、日本人によるものだけでなく、現地の人が企画するものもあった。しかしこれらの興業は、日本政府にとってのぞましくない日本イメージの構築につながるとし、許可制にするなどの対策が考えられた。日英博覧会でも興行が懸念されたが、当時エキゾチシズムは万博における娯楽として人気があったため興行を許可することとなったが、現地を訪れた政治家や記者らの報告をはじめ、日本国内の世論においても興行への不快感が示された。批判の対象となったのは、日本が西洋から見世物とされていることへの不満であり、そのような展示をする政府への批判であった。

万国博覧会への参加は、国内での博覧会の開催をうながした。万博が、そもそもフランスでの国内産業奨励を目的として生まれたように、日本国内での博覧会開催は、明治政府の殖産興業政策の一環としての内国勧業博覧会であった。ただし、内国勧業博の開催は、一九〇三年の第五回を最後とする。

第五回内国勧業博覧会は、開催計画段階で万国博としての開催が協議された。日清戦争での勝利、不平等条約の改正といった事柄が、富国強兵といった国家目標のある程度の達成と考えられたからである。しかしながらその時点での万博開催は時期尚早で不可能と判断され、諸外国からの出品物を展示する参考館を設置するにとどまり、内国勧業博としての開催となった。

万国博覧会の開催は、明治政府として初めて参加したウィーン万博参加前から度々開催案が建議されたものの、いずれも万国博覧会規模での開催は不可能という認識のもと採択されず、最終的に採択されたのは日露戦争後のことであった。つまり日露戦争での勝利をもって、万国博覧会を開催するに足る国家としての自覚を持ったのである。

万博開催の前段階として第六回内国勧業博覧会の無期延期（中止）が決定されたが、これは従来の内国博との決別、すなわち殖産興業という明治初期の国家目標の達成を示す。ただし戦勝ムードも落ち着き、財政問題、地方改良問題など国内問題が山積している現実が見えてくると万博ではなく、万博と内国博の折衷型である日本大博覧会での開催が決定された。これは日露戦争での勝利をして列強と並ぶ一等国となったという意識が強まったものの、現実には万博の開催は不可能という認識からの判断であり、また付帯事業として帝都東京の社会基盤整備をおこなうためでもあった。

しかしその後日本大博覧会は延期（中止）され、日英博の開催が決断される。これはこの時の桂内閣にとって、東京で諸外国を招聘して大規模な博覧会を主催するよりも、日英関係を重視し、蔓延する排日気運を沈静させるような日本像をアピールするほうが有効であるとの判断からであった。

日英博覧会以降、大正期の万博参加であるが、政府は一九一五年（大正四）サンフランシスコで開催されたパナマ運河開通記念のパナマ太平洋万国博覧会に参加する。参加決定は、一九一二年（明治四十五）四月三十日の閣議で決定されたが、当時サンフランシスコを中心に広がっていた排日運動の沈静化であり、そのような中で参加することで日米友好を示すという外交を目的とした参加決定であった。(1)

日本大博覧会中止決定後、かわりの博覧会の開催として一九一四年に東京大正博覧会が東京府の主催により開催された。このように国内での博覧会は、主催者が国から地方へ、また民間の新聞社、電鉄、百貨店へと移っていく。(2)博覧会の主催だけでなく、その目的、用途、対象とする観客もかわっていった。例えば明治期の博覧会が技術伝播や貿易拡大など生産、輸出入などの過程に焦点が当てられていたのに対し、大正期に入ると博覧会はその焦点を消費、家庭へと移し、婦人、子供、中産階級の家族を対象とした。

ただし昭和にはいると再度万国博覧会の開催が構想される。一九三〇年に万国博覧会協議会が結成され、一九三五年に東京と横浜で万国博覧会を開催することが提案された。この時期、これまでに参加、開催した万国博覧会、内国勧業博覧会に関して初めての総括的な研究、永山定富『内外博覧会総説―竝に我国に於ける万国博覧会の問題』が刊行される。(3)その後満州事変などがあり計画は変更され、紀元二六〇〇年にあたる一九四〇年に「紀元二六〇〇年記念日本万国博覧会」(4)を開催することが決定する。この博覧会自体は戦争のために中止されたが、朝鮮博覧会(一九二九年)、満州博覧会(一九三二年)、台湾博覧会(一九三五年)など当時は植民地で博覧会が開催されていった。なぜ一度大正期に博覧会開催が地方、民間が中心となり、再度昭和にはいり万国博覧会の開催が計画されることとなったのか、またパナマ太平洋万博以降大正期、昭和期の諸外国での万国博覧会参加はどのようなものであったのかについては、今後の課題としたい。

註

(1) 伊藤真実子「一九一五年パナマ太平洋万国博覧会と排日運動」(『メディア史研究』二三号、二〇〇七年)

(2) 吉見俊哉「博覧会の歴史的変容―明治末―大正期日本における博覧会文化―」(『都市問題研究』第四二巻第三号〈四七一号〉一九九〇年)五〇頁

（3） 永山定富『内外博覧会総説—竝に我国に於ける万国博覧会の問題』（水明書院、一九三三年）

（4） 紀元二六〇〇年祭としての万国博覧会については、前掲古川隆久『皇紀・万博・オリンピック』がある。古川は、紀元二六〇〇年記念日本万国博覧会が中止になったのち、この計画が戦後にも影響を与え、一九七〇年の大阪万国博覧会までつながったことを指摘している。同種の指摘は、前掲椹木野衣『戦争と万博』、同吉見俊哉『万博幻想』などでもされている。

あとがき

本書は、二〇〇五年度の学習院大学審査学位論文『明治政府と万国博覧会』に加筆、修正を加えたものである。また、第三章、第四章は左記の既発表論文をもとに、加筆修正を加えた。

「一九〇四年セントルイス万国博覧会と日露戦時外交」（『史学雑誌』第一一二編―第九号、二〇〇三年）

「第五回内国勧業博覧会と万博開催への模索―台湾館と人類館―」（『日本歴史』第六八六号、二〇〇五年）

人は、他者と対峙した時により強く自己を認識する。それが国家の場合どうなのであろうか、国家が形成する自己イメージ、すなわちナショナルアイデンティティはどのように形成されるのであろうか、ということを疑問に抱いた。そこで万国博覧会という複数国家が一同に会する場を事例に、明治時代にまとを絞り、本書をまとめたが、これは周囲の方々のおかげである。博士論文が完成した時に痛感したのは、多くの方々の助けにより今があるということであった。

万国博覧会というテーマは博士課程に入ってから選択したものであり、試行錯誤の日々であった。その間、指導教授である井上勲先生は、全くの未知数であるにもかかわらず、長い眼であたたかく見守ってくださった。稚拙な文章を論文として適切な日本語とすべく鍛えてくださるなど文字通り一から教えてくださったほか、先生のおっしゃった内容の意味を理解するのに一年以上かかることも多々あり、いまだ質問の意味を十分に理解できていない問いもあるが、常にそのような意義深い問いを投げかけてくださることに日々感謝している。

博士論文の口述試験では、高埜利彦先生と國雄行先生にご教授いただいた。高埜先生の、重野安繹と万博での日本史との関係が面白いとのご指摘から、万博での日本史と修史編纂事業との関係を再度論考し、第一章を大幅に改訂することとなった。また國先生は博覧会がご専門ということもあり、細かな部分まで多岐にわたってご指摘くださった。

そのほか、学習院大学の諸先生方には、さまざまな場面でお世話になった。とりわけ福井憲彦先生には、一九〇〇年当時のパリのガイドブックなどをお借りしたり、フランス史に関するお話を伺ったりした。鶴間和幸先生には中国語の翻訳をしていただいた。

万国博覧会を研究するにあたり、西洋近代史の勉強をする必要があった。木村靖二先生には、学習院大学および東京大学でドイツ史を中心にヨーロッパ近代史について多くのことを教えていただいた。木村ゼミでは、先生およびゼミの方々が日本史を専門とする門外漢である筆者を暖かく迎えてくださり、ゼミやその後の研究会での発表、討論などから多くの刺激を受けた。

佐々木隆先生には、聖心女子大学文学部、修士時代に、史料の読み方、扱い方など、歴史学を研究する上で基礎となる部分を鍛えていただいた。

学習院大学でも井上ゼミをはじめ、多くの仲間たちに支えられた。とりわけ同期の畑中彩子氏は、いろいろな意味で迷子になりやすい筆者にとっての道しるべであった。学習院大学以外でも、季武嘉也先生をはじめ千葉功先生には日露戦争関連について、また清水唯一朗氏、佐々木夏子氏、桑木野幸司氏には、それぞれの専門分野への筆者からの質問に丁重に答えてくださるなど、さまざまな形でお世話になった。

なお、本書の刊行にあたっては、直接出版費の一部として学習院大学大学院人文科学研究科博士論文刊行助成の交付を得ることができたことを心から御礼申し上げたい。また、刊行の機会を与えてくださった吉川弘文館にも御礼申し上げる。

最後に、家族への言葉を述べさせていただくことをお許しいただきたい。わがままな筆者を常に暖かく見守り、厳しく、深い愛情を注いで育ててくれた両親へ、感謝をこめてこの本を捧げる。

二〇〇八年二月十五日

伊藤真実子

人名索引

（記紀神話や伝説上の神、人物なども含む）

あ　行

か　行

さ　行

た　行

な　行

は　行

ま　行

や　行

ら　行

わ　行

著者略歴

一九七二年　愛知県に生まれる
一九九五年　聖心女子大学文学部歴史社会学科卒業
二〇〇四年　学習院大学大学院人文科学研究科史学専攻博士後期課程単位取得済退学
二〇〇六年　博士号取得（史学）
現在　学習院大学文学部助手

明治日本と万国博覧会

二〇〇八年（平成二十）六月一日　第一刷発行

著者　伊《い》藤《とう》真《ま》実《み》子《こ》

発行者　前田求恭

発行所　株式会社　吉川弘文館
郵便番号一一三―〇〇三三
東京都文京区本郷七丁目二番八号
電話〇三―三八一三―九一五一〈代〉
振替口座〇〇一〇〇―五―二四四番
http://www.yoshikawa-k.co.jp/

印刷＝株式会社　ディグ
製本＝株式会社　ブックアート
装幀＝山崎　登

明治日本と万国博覧会（オンデマンド版）

Digital Publishing

2019年9月1日　発行

著　者　伊藤真実子《いとうまみこ》

発行者　吉川道郎

発行所　株式会社 吉川弘文館
〒113-0033 東京都文京区本郷7丁目2番8号
TEL 03(3813)9151(代表)
URL http://www.yoshikawa-k.co.jp/

印刷・製本　株式会社 デジタルパブリッシングサービス
URL http://www.d-pub.co.jp/

伊藤真実子（1972〜）
ISBN978-4-642-73785-2